AF495034

LES GRANDS ÉVÉNEMENTS
LITTÉRAIRES

ALBERT AUTIN

L'INSTITUTION CHRÉTIENNE
DE CALVIN

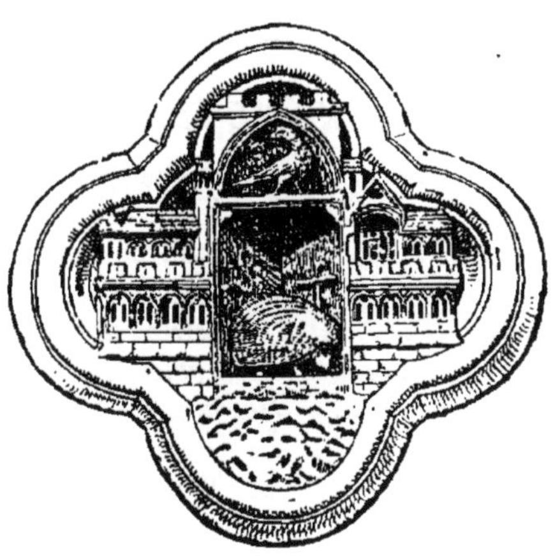

Société Française d'Éditions Littéraires et Techniques
EDGAR MALFÈRE, Éditeur
12, Rue Hautefeuille, PARIS (6ᵉ)

LES GRANDS ÉVÉNEMENTS LITTÉRAIRES

Collection nouvelle d'histoire littéraire publiée sous la direction de
MM. ANTOINE ALBALAT, HENRI D'ALMÉRAS
ANDRÉ BELLESSORT, JOSEPH LE GRAS
ALPHONSE SÉCHÉ

PREMIÈRE SÉRIE (Parue)

Henri D'ALMÉRAS..........	*Le Tartuffe* de Molière.
Ed. BENOIT-LÉVY..........	*Les Misérables* de Victor Hugo.
Jules BERTAUT..............	*Le Père Goriot* de Balzac.
René DUMESNIL.............	*La Publication de Madame Bovary.*
Félix GAIFFE...............	*Le Mariage de Figaro.*
Louis GUIMBAUD...........	*Les Orientales* de Victor Hugo.
Joseph LE GRAS............	*Diderot et l'Encyclopédie.*
Henry LYONNET,...........	*Le Cid,* de Corneille.
Comtesse J. DE PANGE.......	*De l'Allemange,* de Mme de Staël.
Alphonse SÉCHÉ............	*La Vie des Fleurs du Mal.*
Louis THUASNE............	*Le Roman de la Rose.*
Paul VULLIAUD.............	*Les Paroles d'un Croyant.*

DEUXIÉME SÉRIE (1929).

Antoine ALBALAT...........	*L'Art Poétique,* de Boileau.
Henri d'ALMÉRAS...........	*Les Trois Mousquetaires.*
Maurice ALLEM............	*Volupté,* de Sainte-Beuve.
Albert AUTIN..............	*L'Institution chrétienne,* de Calvin.
Georges BEAUME...........	*Les Lettres de mon Moulin.*
René BRAY................	*Les Fables,* de La Fontaine.
Raymond CLAUZEL..........	*Sagesse,* de Verlaine.
Yves LE FEBVRE............	*Le Génie du Christianisme.*
Ph. VAN THIEGEM..........	*La Nouvelle Héloïse.*
Maurice MAGENDIE.........	*L'Astrée.*
Georges MONGRÉDIEN.......	*Athalie.*
A. AUGUSTIN-THIERRY......	*Récits des Temps Mérovingiens.*

Chaque volume........................ 9 fr.

Abonnement à la série de douze volumes.......... 100 fr.

(L'abonnement donne droit à l'édition originale)

L'INSTITUTION CHRÉTIENNE

DE CALVIN

UXORI OPTIMÆ
ÆMILIÆ

DU MÊME AUTEUR

L'Échec de la Réforme en France, au XVIe siècle, 1 vol. in-18. Paris, A. Colin.

> Ouvrage couronné par l'Académie Française, et honoré d'une souscription du Ministère de l'Instruction Publique.

Un épisode de la vie de Calvin : La crise du Nicodémisme (1535-1544), 1 vol. in-8. Toulon, Tissot.

Jean Calvin : Traité des Reliques, suivi de l'*Excuse à Messieurs les Nicodémites,* 1 vol. in-16. Paris, Bossard.

> Édition critique, avec introduction et notes. (Collection des Chefs-d'œuvre Méconnus).

Jean Calvin : L'homme et l'œuvre, essai de biographie psychologique, 1 vol. in-18.

Jean Calvin : Lettres françaises, 3 vol. in-8.

> Édition critique, avec introduction et notes. (Collection « Les Textes Français »). Sous le patronage de l'Association Guillaume Budé.

LES GRANDS ÉVÉNEMENTS LITTÉRAIRES

ALBERT AUTIN

L'INSTITUTION CHRÉTIENNE

DE CALVIN

Société Française d'Éditions Littéraires et Techniques

EDGAR MALFÈRE, éditeur

12, rue Hautefeuille, PARIS (VIᵉ)

MCMXXIX

IL A ÉTÉ TIRÉ DE CET OUVRAGE

100 exemplaires sur vélin pur fil numérotés de 1 à 100.

I

L'INSTITUTION CHRÉTIENNE
DANS LA LITTÉRATURE DU XVIᵉ SIÈCLE

Au mois de mars 1536, paraissait, à Bâle, chez Thomas Platter et Balthasar Lasius, sous le signe de Minerve qui était la marque de la maison, un petit in-8° de 520 pages, appelé un à grand retentissement non seulement au XVIᵉ siècle, mais longtemps après.

Écrit en latin, il portait ce titre : *Institutio religionis christianæ*, qui a été traduit ensuite et qui est passé à la postérité sous la forme suivante : *Institution chrétienne*.

L'ouvrage comportait une préface non moins retentissante que le livre lui-même et qui, dans la pensée de l'auteur, avait sans doute autant, sinon plus d'importance que le texte. Elle était adressée, toujours en latin, au très chrétien roi de France.

Il était signé d'un nom à peine connu chez les humanistes et complètement ignoré du grand public : Jean Calvin.

Au risque d'enfermer momentanément un livre aussi considérable dans une formule un peu courte, et par conséquent insuffisante, on peut dire que l'*Institution Chrétienne* est le premier ouvrage de théologie qui se soit produit dans notre littérature nationale. Jusque-là, nous vivions pour ainsi dire sur le fonds commun de l'Église universelle : la Bible avec ses deux Testaments, les Pères de l'Église grecque et latine, enfin les commentaires par où les théologiens s'efforçaient de mettre en lumière le dogme et la morale chrétiennes. La *Somme théologique* de Saint Thomas d'Aquin représentait assez heureusement le point de perfection de cet exposé traditionnel, qui s'appuyait sur la révélation biblique et s'éclairait de l'enseignement patristique. Mais la *Somme* était en quelque sorte un bien indivis de la catholicité. Pour la première fois, avec l'*Institution chrétienne*, notre génie national aborde le problème religieux, tel que l'avait posé, dans notre monde occidental, depuis plus de quinze siècles, la tradition judéo-chrétienne diffusée par l'Empire romain. Il le fait, avec ses tendances particulières, de son point de vue, à l'occasion d'un vaste mouvement de protestation, d'une immense aspiration vers la réforme, qui travaille l'Église, en France, à cette date.

Il serait prématuré d'indiquer ici avec plus de précision l'objet de l'*Institution chrétienne*. La suite des chapitres amènera naturellement le lecteur à se représenter au vif ce que fut, d'abord dans la pensée de l'auteur, puis dans la réalité, au contact des hommes, l'œuvre capitale dont on entreprend d'évoquer la genèse et la publication.

Il n'est pas inutile cependant d'indiquer sommairement, d'abord qu'elle a ouvert la voie à toute une série d'œuvres, dont les noms de Pascal, Bossuet, Fénelon, au XVIIe siècle, de Lacordaire, Gerbet, Gratry, au XIXe, disent assez quelle place elles occupent dans notre patrimoine national. C'est précisément l'objet de l'histoire littéraire de déterminer ces filiations, ces suites, et de repérer les œuvres mères, d'où sont issues de riches lignées. A ce titre, l'*Institution Chrétienne* est une date. Elle a révélé à la France des préoccupations plus graves que celles dont notre littérature s'était inspirée jusque-là. Elle a annexé aux lettres françaises une province nouvelle, celle du sentiment religieux.

Mais elle a, en outre, contribué pour une large part, ainsi qu'on le verra, à orienter l'humanisme dans un sens assez différent de celui où il s'engageait avec Rabelais — le premier livre de *Pantagruel*, est de 1532 ; ou encore avec Baïf, traducteur d'*Électre*, en 1536, et Estienne, traducteur de *l'Andrienne*, en 1540 ; ou enfin avec la *Deffense et Illustration de la Langue française*, de Du Bellay, qui, publiée, comme on sait, en 1549, exprimait un certain nombre d'idées et de tendances, touchant l'objet de la littérature.

L'Institution Chrétienne s'est posée, en s'opposant au *Pantagruel*, comme elle se posait en s'opposant à la littérature orthodoxe, enfermée sous la dénomination assez vague de la Tradition. Il faut dire davantage, et nous le montrerons en son temps, elle a imposé à la littérature catholique elle-même des préoccupations nouvelles pour le fond, et, pour la forme, la nécessité de s'exprimer dans la langue nationale. A ce titre, elle constitue plus qu'une date. C'est un événement qui a eu sa répercussion sur l'histoire du sentiment religieux en général, sur l'orientation du catholicisme dans notre pays, sur la réforme des mœurs dans le clergé, sur l'évolution enfin de notre langue.

Il importe de bien situer cette œuvre de premier ordre dans le cadre strictement historique, où elle s'est produite, si l'on veut en percevoir toute l'originalité et en mesurer toute la force d'explosion.

C'est un point aujourd'hui définitivement acquis à l'histoire de la Réforme en France que ce mouvement d'idées et de sentiments s'est présenté d'abord comme une tendance, profonde et diffuse, à peu près dans toutes les classes de la société ; qu'il est devenu ensuite une Église d'autant plus fervente qu'elle était persécutée, et qu'enfin, de proprement spirituel qu'il avait été originairement, il se transforma en parti politique, décidé à imposer par tous les moyens, y compris la violence, ce qu'il considérait, à tort ou à raison — ce n'est pas ici le problème — comme la vérité [1].

S'il fallait indiquer des dates, nous dirions qu'avec la persécution déclenchée par l'affaire des Placards contre la Messe, en 1534, prend fin la première période ; que la deuxième s'étend de 1534 à l'année 1559, qui voit se tenir, à Paris, le fameux Synode général des Églises réformées de France ; qu'enfin la troisième période peut s'enfermer entre cette année 1559 et l'année 1584, où fut promulgué l'Édit de Nantes. Mais ces dates n'ont, à vrai dire, rien de rigoureux. Ce sont des points de repère plutôt qu'une délimitation : on n'enferme pas, en effet, les mouvements de l'opinion ou de la sensibilité publique entre deux dates.

1. Sur ces trois étapes de la Réforme en France, on lira, dans mon *Echec de la Réforme en France au* XVIᵉ *siècle*, le chapitre I de la 1ʳᵉ partie.

La Réforme, donc, se développe d'abord dans un cercle d'érudits, à l'ombre et presque à l'abri du pouvoir royal. Elle se répand de là dans le monde des gens dits mécaniques, ouvriers des villes et des campagnes. C'est à cette date une espèce de ferveur, plutôt qu'une tendance schismatique, encore moins un parti politique.

Mais, insensiblement, François Ier se laisse entraîner à des mesures de persécution. Il adhère, en 1538, à la confédération catholico-espagnole. Il organise la défense de la foi, crée, en 1540, l'Inquisition, impose, en 1543, un formulaire. De 1545 à 1548, c'est la Chambre Ardente, de sinistre mémoire. La Réforme de langue française s'est exilée avec Calvin, à Genève. Elle s'y installe, elle finit par y triompher de l'opposition locale. En France, la foi s'atteste dans les prisons, sur le bûcher. Ce qui caractérise, à cette date, la Réforme, c'est sa transformation en confession religieuse, distincte et rivale de Rome. La nécessité du schisme s'est imposée. La nouvelle Église s'organise : elle a son dogme, son orthodoxie. Elle a son séminaire, l'Académie, et son clergé, les pasteurs ou ministres qui, de Genève, se répandent sur la France. Elle aura, en 1559, son Concile, à Paris.

D'Église, la Réforme devint un parti politique. A ce titre elle entra dans le conflit des intérêts et des ambitions. Elle connut les vicissitudes de la lutte. Tour à tour, elle triompha ou succomba. Elle perdit sur le champ de bataille le meilleur de sa gloire authentique, qui était d'être un message spirituel. Elle y aventura sa bonne renommée, en un mot. A cette date, elle eut ses capitaines : Condé, Coligny. Elle eut ses soldats, braves dans l'action et cruels dans la victoire. Elle eut ses places-fortes, ou, comme on disait, ses places de sûreté. Elle eut enfin sa politique, qui ne tendait à rien moins, après la mort de Charles IX, en 1574, qu'à s'assurer, avec la possession du trône, le moyen d'imposer la nouvelle confession.

C'est, comme on voit, à la seconde époque, que se rattache la publication de l'*Institution Chrétienne*. Elle n'a pas peu contribué à orienter le mouvement réformiste dans la voie du schisme, puis de l'organisation ecclésiastique, dans la mesure où elle offrait aux fidèles jusque-là réduits soit à la prédication dispersée des « évangéliques », soit à l'inspiration individuelle puisée dans la lecture de la Bible, une espèce de *Somme* officielle, un « catéchisme », un exposé rigoureux en-deçà et au-delà duquel il n'était pas permis de se dire de la « religion », et qui, en fait, de Genève sur tous les pays de langue française, allait, par le canal des pasteurs formés là-bas, se répandre ou, comme on disait alors, se colporter au titre d'une doctrine révélée, authentique, indiscutable.

Faute d'un livre comme l'*Institution*, on ne voit pas bien ce que fût devenue la Réforme aux mains de ceux qui, à Meaux, avec l'évêque Briçonnet ; à Nérac, avec Marguerite d'Angoulême ; à Ferrare, avec la duchesse Renée ; à Genève, même avec Farel, se contentaient d'aspirations généreuses mais vagues. On voit bien, par contre, comment l'*Institution* a sonné le rappel des bonnes volontés et réalisé, sur une formule, l'unanimité de la foi.

Pareillement, ôtez l'*Institution* de l'immense production littéraire du XVIᵉ siècle. Une partie de Mon-

taigne, tout du Vair, tout Charron, et l'apologétique
catholique de cette époque, et le pamphlet, tel qu'il
s'est pratiqué au cours des guerres de religion, et
le sermon, tel qu'on l'a entendu alors, dans les églises,
sur les places publiques, au pied des bûchers, tout
cela disparaît.

Une date. Un événement. La publication de l'*Institution* est bien l'une et l'autre. Il reste à voir, dans le
détail de ce que nous offrent les documents historiques,
comment a été conçue, puis réalisée cette œuvre puis-
sante.

A défaut d'une Bibliographie complète, il nous sera
permis de signaler à ceux de nos lecteurs qui voudraient,
pour leur plaisir ou pour leur édification, se reporter
aux sources, d'abord, l'édition définitive des *Opera
Calvini*, dans le vaste *Corpus reformatorum*, due à
MM. Baum, Cunitz et Reuss ; ensuite, la savante
édition de *l'Institution Chrétienne*, traduite en français
par Calvin lui-même, en 1541, restituée de nos jours
par les soins de MM. Lefranc, Châtelain, Pannier ;
enfin, la monumentale évocation : *Jean Calvin, les gens
et les choses de son temps*, du pasteur E. Doumergue,
comme aussi l'histoire suggestive, mais malheureusement interrompue, des *Origines de la Réforme* par
Imbart de la Tour.

Il n'est que juste d'ajouter à ces livres essentiels
pour le sujet qui nous occupe, la volumineuse et
longtemps inédite *Correspondance des Réformateurs
dans les pays de langue française*, recueillie par A. L. Herminjard ; les *Procès-Verbaux de la Faculté de Théologie
de Paris*, soit dans l'édition en cours de l'abbé Clerval,
soit dans la *Collectio judiciorum de novis erroribus*,

compilée au XVIIIe siècle par d'Argenson ; les arrêts du Parlement de Paris, conservés dans les archives, dont un certain nombre ont été réunis dans des recueils, notamment pour la période de 1545-1548, dans la *Chambre Ardente*, de M. N. Weiss ; enfin, de Jean Crespin, l'*Histoire des Martyrs persecutez et mis à mort pour la vérité de l'Évangile*.

En ce qui concerne plus particulièrement Calvin, la bibliographie s'est enrichie récemment de deux ouvrages de M. Pannier : *Recherches sur l'évolution religieuse de Calvin jusqu'à sa conversion*, (Paris, Strasbourg, 1924). *Calvin à Strasbourg*, (Paris, Strasbourg, 1925).

Sur l'ensemble de la Réforme en France, on lira avec profit, de M. John Viénot : *Histoire de la Réforme française des origines à l'édit de Nantes*. (Paris, 1926).

II

L'INSTITUTION CHRÉTIENNE
DANS L'ŒUVRE DE CALVIN

Quel était ce Calvin, hier encore inconnu et dont la voix allait s'imposer à toute une Église ? dont l'autorité morale allait battre en brèche l'autorité même du Roi, celle de la Faculté de Théologie, celle enfin du Parlement ?

Il avait à peine vingt-sept ans, étant né, le 10 juillet 1509, à Noyon, en Picardie, sur les confins de l'Ile-de-France. Son père, Gérard Cauvin — la forme Calvin est une transcription de la traduction latine, Calvinus, selon l'usage du temps — était procureur, assez recherché, au dire de Th. de Bèze, pour « son bon entendement » et « son bon conseil ». Il avait acquis une honnête aisance, et, par un mariage avantageux avec Jeanne Le Franc, fille d'un hôtelier de Cambrai, il avait consolidé sa situation à Noyon. Il y avait acquis notamment le droit de bourgeoisie et y possédait, sur la Place au blé, non loin de la cathédrale, une assez vaste maison, occupée aujourd'hui par l'hôtel de France. Veuf, il s'était remarié, mais il mourut peu de temps après, dans des circonstances que la polémique religieuse a embrouillées à plaisir. Il paraît être établi que, chargé, en 1526 et en 1527, de régler la succession de deux chapelains, il n'a jamais rendu ses comptes. D'abord censuré par le Chapitre, puis excommunié, il faillit, après sa mort, être privé des funérailles ecclésiastiques. Mais ses trois fils promirent que les affaires en instance seraient réglées, dès qu'il serait possible, à la satisfaction des intéressés. L'aîné, Charles, eut, lui aussi, maille à partir avec les chanoines. Pour avoir injurié l'appariteur qui lui signifiait un mandement et pour s'être battu, au cours d'une querelle, avec un clerc, il s'était vu excommunier à son tour. Il refusa de se soumettre à la pénitence qui lui était infligée, en vint à tenir « des propos scandaleux sur les sacrements de l'Église », fut, en 1534, l'objet d'une enquête discrète, car il comptait des amis au Chapitre, et finalement mourut, en 1536, après avoir refusé les sacrements. Son corps fut porté « entre quatre piliers d'une potence qui est le lieu patibulaire de Noyon ».

Si l'on rapporte ici ces différends du père et du frère de Calvin avec les chanoines, ce n'est pas pour établir un lien de cause à effet entre ce qui fut, chez le premier, la conséquence d'une maladie malencontreuse, chez le second, la manifestation d'un caractère âpre, entêté de son opinion, et ce qui deviendra, chez Jean Calvin, le principe d'un schisme d'aussi grande envergure que la Réforme française. Il n'y a pas de commune mesure, par exemple, entre la rébellion du frère aîné et le rôle que joua son cadet dans l'histoire de l'Église de France. Pareillement, il n'y a point de rapport entre l'origine picarde de Calvin et les décisions hardies qu'il a prises dans la suite, et qui ont mérité de donner son nom au calvinisme : nous avons appris à nous méfier de ces influences du milieu.

En réalité, Calvin avait subi l'influence d'une mère pieuse. Lui-même, à l'ordinaire peu prodigue de confidences sur son passé, sur sa famille, a conté, au *Traité des Reliques*, qu'il avait été conduit, tout jeune, à divers pèlerinages célèbres.

« Il me souvient de ce que j'ai vu faire aux marmousets de notre paroisse, étant petit enfant. Quand la fête de saint Étienne venait, on parait aussi bien de chapeaux et affiquets les images des tyrans qui le lapidaient (car ainsi les appelle-t-on en commun langaige) comme la sienne. Les pauvres femmes, voyant les tyrans ainsi en désordre, les prenaient pour compagnons du saint, et chacun avait sa chandelle. »

Jeanne le Franc le menait aussi, à trois lieues de Noyon, faire ses dévotions à sainte Anne : « Il me souvient que j'ai baisé une partie du corps de sainte Anne, mère de la Vierge Marie, en l'abbaye d'Ourscamp, près Noyon, dont on fait grand festin ».

Rien d'étonnant à ce que, après avoir commencé à Noyon, comme ses frères, son instruction au collège des Cappettes, ainsi appelé parce que les élèves y portaient un petit manteau (cappa), Jean Calvin, dont les heureuses dispositions autorisaient toutes les espérances, soit allé, en 1523, continuer ses études au collège de la Marche, puis à Montaigu. Il devait y rester quatre ans. Il était descendu chez son oncle Richard, le serrurier, qui demeurait proche l'église Saint-Germain-l'Auxerrois. Il suivait les cours en qualité d'externe libre, comme nous dirions aujourd'hui ; on disait alors comme martinet, par allusion à la liberté de ces oiseaux voyageurs. Il connut, à la Marche, Mathurin Cordier, à qui il a rendu un hommage de gratitude émue dans la dédicace du *Commentaire de la première Épître aux Thessaloniciens.* Au collège Montaigu, renommé pour la saleté, dans laquelle y croupissaient les élèves — Rabelais appelle quelque part « éperviers de Montaigu » ce qui tombe des cheveux de Gargantua quand il se peigne — Calvin connut Noel Béda, qui plus tard fut syndic de la Faculté de Théologie et qui déjà professait une farouche et intransigeante orthodoxie. Il y eut, en revanche, pour condisciples les quatre fils de Guillaume Cop, premier médecin du roi, qui inclinait à la Réforme, et il se lia particulièrement avec le troisième, Nicolas, plus tard Recteur de l'Université.

Déjà titulaire d'un premier bénéfice, la chapelle de la Gésine, Calvin avait reçu, en 1527, la cure de Saint-Martin de Marteville, en attendant de recevoir, deux ans plus tard, la cure de Pont-l'Évêque.

Entre temps, il allait étudier le droit à Orléans.

« Il (y) profita tellement en peu de temps, écrit Th. de Bèze, qu'on ne le tenait [pas] pour écolier, mais comme l'un des docteurs ordinaires. »

Bèze est évidemment un panégyriste autant qu'un biographe. En tout cas, l'étudiant fut élu procureur de l'une des dix nations, nous dirions aujourd'hui, associations d'étudiants, qui constituaient l'Université. Il se lia intimement avec deux de ses condisciples, François Daniel, qui lui confiera plus tard l'éducation de son fils, et Nicolas Duchemin, à qui il dédiera un opuscule sur l'incompatilibité des charges officielles avec la profession ouverte et loyale de la Réforme.

Calvin avait entendu Pierre de l'Étoile, à Orléans. Il s'en fut entendre Alciat, à Bourges. Dans cette ville, il logeait chez Melchior Wolmar, qui lui apprit le grec, comme Mathurin Cordier lui avait appris, à la Marche, le latin. On trouve un écho de la gratitude de l'écolier dans la dédicace du *Commentaire de la II*e *Epître aux Corinthiens,* non seulement pour la science du grec qu'il lui a libéralement distribuée, mais encore et surtout pour son influence religieuse. Ce Wolmar, comme d'ailleurs Cordier, nourrissait des idées de réforme ecclésiastique, qu'il puisait dans la lecture de la Bible.

Paris attirait Calvin, — en particulier, l'enseignement des lecteurs royaux récemment créés par François Ier. La mort de Gérard Cauvin, survenue le 26 mai 1531, le rappela quelque temps à Noyon. Mais on le retrouve bientôt à Paris, qui se perfectionne dans l'étude du grec avec Danès et qui apprend l'hébreu avec Vatable. Il paraît assez vraisemblable qu'il se lia avec Budé, puisque la veuve de ce dernier et ses enfants vinrent plus tard s'établir à Genève.

Rentré le 19 juin, il s'occupe à un *Commentaire sur le traité de la Clémence,* de Sénèque. Certains historiens, trop enclins à romancer la vie du Réformateur, ont voulu découvrir, dans le choix de ce sujet, une protestation contre la persécution religieuse et un appel à la magnanimité du roi. Il paraît plus vraisemblable d'y voir un exercice scolaire, qui couronnait les études du jeune homme. Peut-être l'édition des œuvres de Sénèque, publiée par Érasme, en 1529, a-t-elle orienté plus ou moins consciemment son choix. Encore ce point n'est-il pas établi. Il achevait la préface, le 4 avril 1532.

C'était au surplus son adieu à l'humanisme, à l'étude désintéressée des textes anciens, grecs ou latins. Le théologien devait désormais l'absorber. On croit assez communément qu'il s'en fut prendre son grade de docteur à Orléans : deux actes notariés du 10 mai et du 11 juin 1533 attestent sa présence dans cette ville, quelle qu'en ait été l'occasion, ou le motif.

La Psychopannichia, ou *traicté contre ceux qui pensent que les âmes dorment jusqu'au dernier jugement*, publiée en 1534, révélait, chez Calvin, des préoccupations tout autres que celles qui lui avaient dicté le *Commentaire*. Ce n'était plus l'humaniste, mais déjà le théologien, qui a pris parti sur les principes fondamentaux de sa foi, qui tient à sa disposition la connaissance de la Bible et des Pères, qui se sait et se veut capable d'une dialectique irrécusable, — en un mot, un avant-goût de l'écrivain auquel nous devons *l'Institution chrétienne*.

Le 1er novembre de la même année, Nicolas Cop, son ancien condisciple de Montaigu, devenu recteur de l'Université de Paris, eut à prononcer le discours d'usage devant les Facultés réunies dans l'église des Mathurins. Consacré à ce que les initiés appelaient, depuis Érasme, la philosophie chrétienne, ce discours exposa les tendances chères à la Réforme naissante, à savoir que cette philosophie a sa source dans l'Évangile, et son achèvement dans la foi ; qu'elle consiste essentiellement dans l'abandon de l'âme pécheresse à la miséricorde divine ; en un mot, que le salut est un don gratuit, non la récompense de ce que nous appelons les bonnes œuvres.

La harangue fit scandale. Dénoncé par deux cordeliers, le recteur fut cité par le Parlement. Sans plus
attendre, il s'enfuit à Bâle. De son côté, Calvin crai-
gnant pour sa liberté, gagnait Noyon, revenait à Paris
et, finalement, se retirait à Angoulême, chez son ami
Louis Du Tillet. Il devait y rester jusqu'en mars 1534.
En avril de la même année, il était à Nérac, chez Marguerite. Au mois de mai, le 4 exactement, il résignait,
à Noyon, ses bénéfices ecclésiastiques. Revenu à
Angoulême, il gagnait Poitiers, Orléans, de nouveau
Paris, et, l'affaire des Placards ayant éclaté en octobre
1534, il s'enfuyait, en hâte, à Strasbourg, et de là à
Bâle.

Un incident raconté par de Bèze faillit les arrêter,
près de Metz. Un des serviteurs qui les accompa-
gnait,

« déroba la bougette où était tout leur argent, et emmena
un des chevaux : tellement qu'ils eussent été en grande nécessité, sans ce que l'autre serviteur avait dix écus siens [à lui]
qui fournirent pour les mener à Strasbourg, d'où ils vinrent
à Bâle ».

C'est là, comme on l'a dit précédemment, qu'en
mars 1536 il publiait en latin la première édition de
l'*Institution chrétienne*.

Cette existence mouvementée ne doit pas faire oublier
l'espèce de logique intérieure qui, à travers la succession d'influences contradictoires, détache peu à peu
Calvin du catholicisme traditionnel et le résoud au
schisme. Nul n'a marqué plus heureusement qu'un
des derniers historiographes de Calvin, le pasteur

E. Doumergue, l'heureux concours de rencontres et d'influences grâce auxquelles s'est précisée la vocation de Calvin, puis la nature du message qu'il a apporté au monde.

« La préparation a été longue, mais combien plus merveilleuse encore!

« Presque enfant, chassé de Noyon par la peste, le fils de Gérard Cauvin a rencontré le meilleur maître de latin de l'époque, Mathurin Cordier, qui a attendu de l'avoir instruit pour quitter Paris. Puis à Orléans, il a rencontré le meilleur maître de grec de l'époque, Melchior Wolmar, qui semble être venu de l'Allemagne, où il va retourner, pour lui inculquer sa méthode : deux maîtres incomparables, qui se trouvent d'incomparables pédagogues. Non contents de lui enseigner les langues, ils lui parlent de l'Évangile et du Christ.

« Pour lui, semble-t-il, le moyen-âge a conservé son triste collège de Montaigu, si bien qu'avant de disparaître il peut encore l'initier à tous les secrets d'une irrésistible dialectique. Pour lui, les temps modernes se sont hâtés de fonder le Collège de France, si bien qu'il peut en suivre les premières leçons et prendre rang parmi les maîtres de l'Humanisme.

« Mais ce n'est pas assez : voilà que notre jeune homme rencontre les plus illustres professeurs de droit, l'Estoile, qui se trouve encore à Orléans et Alciat, qui arrive précisément à Bourges. Ils forment son esprit à cette façon de penser particulière, exacte et réaliste, qui lui permettra d'être non seulement le théologien, mais le législateur de la Réforme.

« Cependant la Providence n'avait encore accompli

que la moitié de sa tâche. Que serait l'intelligence sans
la vie? et les merveilleuses années d'études sont en
même temps de merveilleuses années d'expérience.
L'Église a soin de lui révéler toutes ses lacunes, tous
ses vices les plus secrets. Elle lui donne abusivement
ses bénéfices. Elle l'oblige à disputer à ses anathèmes
le cadavre de son père. Tout enfant, il commence à
visiter les bizarres reliques d'Ourscamp ; plus tard, il
voit les désordres épiscopaux à Angoulême ; il entend
les légendes de Poitiers ; et, au moment où il va quitter
la France, les Cordeliers jouent encore devant lui la
farce d'Orléans.

« Mais, à côté de l'ombre destinée à repousser, brille
la lumière destinée à attirer. Si Calvin a été l'élève de
Béda, chef de la bande sorbonique, il est le protégé
des amis de Le Fèvre d'Étaples, les Cop et les Budé,
et il traverse toutes les phases du mouvement fabrisien.
Il se lie intimement avec Gérard Roussel, et le vénérable
Le Fèvre prolonge sa vie au delà de cent ans pour
pouvoir encore, à Nérac, lui donner sa bénédiction.
En même temps, Estienne de la Forge, avant de subir
le martyre, l'accueille dans sa maison et lui permet de
constater l'héroïsme et la piété de l'Église naissante,
tandis que Quintin, le chef libertin, et Servet, le chef
antitrinitaire, se rendent à Paris pour effrayer le jeune
docteur de leurs dangereuses hérésies.

« Lui, va ainsi, de lieu en lieu, du nord au midi, et
du midi au nord de la France et de l'Église, voyant,
écoutant, observant, notant, enrichissant son cœur et
sa conscience, non moins que son intelligence, de tout
ce qu'il trouve chez les hommes ou dans les biblio-
thèques : prodige de travail, d'un ascétisme rigoureux,

et cependant plein de jeunesse, recherché, fêté [1]... »

Faisons, dans cette évocation un peu trop oratoire, la part de la ferveur confessionnelle et, pour tout dire, de la tendance hagiographique. Laissons également à l'auteur cette finalité mystérieuse où sa foi protestante reconnaît les desseins de la Providence. Il n'en reste pas moins qu'on y trouve, ramassée de façon saisissante, la longue et laborieuse expérience religieuse de Calvin avant l'*Institution chrétienne*.

Quand, en 1534, il vient, sous le pseudonyme de Lucianus, loger chez Catharina Klein, au faubourg Saint-Alban, à Bâle, il donne à cette femme distinguée *(matrona lectissima)* l'impression d'un être appelé à de hautes destinées. Trente années plus tard, Ramus, qui y logera, à son tour, en 1568-1569, se plaira à entendre son hôtesse évoquer souvent et avec plaisir *(sæpe et jucunde)* l'austérité de son ancien pensionnaire et l'espèce de charme qui se dégageait de sa personne *(sanctitate singularis ingenii mirifice capta)*. » [2]

Nous possédons de Calvin, à cette date, un portrait, le plus ancien de lui, et le seul aussi qui le représente jeune. C'est un émail de Léonard Limousin. Calvin y est vu de face ; il a le front large, les yeux vifs, des sourcils noirs, le nez long, la bouche petite, la barbe très fournie et d'un brun plutôt roux. Les traits, quoique fatigués déjà, sont encore pleins. Il a les épaules légèrement portées en avant et comme voûtées, la taille plutôt petite, l'air méditatif, des manières réservées,

---

1. E. Doumergue : *Calvin*, I, p. 514-515.
2. Bernus : P. Ramus à Bâle. *Bulletin de l'Histoire du protestantisme français*, XXXIX, p. 508.
3. *Bulletin de l'Histoire du Protestantisme français*, XLII, p. 542.

et, répandue sur toute la personne, cette timidité dont, à plusieurs reprises, il s'est plaint à ses amis. On devine toutefois, par delà cette réserve, une force contenue, une ardeur qui se maîtrise, une autorité qui n'attend, pour s'exercer, que l'heure marquée par le destin, — Calvin eût dit, par la Providence. Cette impression correspond, en somme, assez exactement, compte tenu de l'âge, aux portraits ultérieurs, ainsi qu'à l'image qu'en donnera, au siècle suivant, un chroniqueur catholique :

« Sous un corps sec et atténué, il eut toujours un esprit vert et vigoureux, prompt aux reparts [reparties], hardi aux attaques ; grand jeuneur, même en son jeune âge, soit qu'il le fît pour sa santé et arrêter les poussées de la migraine qui l'affligeaient continuellement, soit pour avoir l'esprit à délivre [plus libre] pour escrire, étudier et ameliorer sa mémoire. »[1]

Cette impression, à la fois charmante et grave, qu'il produit sur son hôtesse, elle opère, à Bâle, dès son arrivée, sur tous ceux que préoccupe la réforme de l'Église. En novembre 1535, il fait la connaissance de Viret, à qui il le rappellera, six ans plus tard, dans une lettre du 1er mars 1541 : « Claudius Ferræns, que tu vis avec moi, à Bâle[2]. » Il fait également celle de Bullinger, qui vint signer, le 3 février 1536, la première confession de foi helvétique et qui le lui rappellera, dans une lettre du 22 mai 1537[3]. Il fait enfin celle de Carlstadt et de Caroli, contre lesquels il défendit

1. Florimond de Rœmond : *Histoire et progrès de l'hérésie...*
2. Herminjard, III, p. 373, n. 1.
3. *Ibid.*, IV, p. 4.

Farel.[1] Il se lia enfin, d'une sympathie solide et durable, avec les imprimeurs Platter et Lasius, à qui il allait confier le manuscrit de l'*Institution chrétienne*.

Cependant, il met la dernière main à son travail ; il rédige, en particulier, à partir de février ou de mars 1535, la préface qu'il destine à François Ier. Ce livre substantiel, ces pages vouées à l'immortalité, c'est toute son expérience religieuse, l'expérience religieuse de ses amis, qu'il y verse, au cours de ces veilles « saintes, mémorables » — l'expression est de Ramus — dont la vieille Catharina Klein s'entretenait, avec émotion et avec piété, trente ans plus tard.

On imagine Calvin, évoquant des profondeurs de sa conscience tout ce que la vie lui a appris, au foyer paternel, au collège, dans les Universités, dans le commerce des livres, au contact plus riche encore des hommes, amis ou adversaires. A cette heure, dans le silence nocturne, parmi la ville endormie, seul en face de lui-même et de Dieu, il mesure du regard la tâche qu'il assume.

Une culture étendue et profonde ; la possession des trois langues latine, grecque, hébraïque ; la connaissance ou, pour mieux dire, la pratique de la Bible ; un sens aigu du sérieux, de la gravité de l'existence ; le sentiment de ce qui, dans l'Église, à cette date, laisse à désirer, soit dans la doctrine, soit dans les mœurs, soit enfin dans la liturgie ; une volonté tendue comme un arc vers la réalisation de ce que l'intelligence et le cœur lui ont révélé être la vérité ; un mélange, enfin, chez cet homme de vingt-sept ans, d'humilité véritable,

---

1 *Ibid.*, III, p. 374, n. 8

quand il ne considère que sa personne, et d'invincible autorité, lorsqu'il entend résonner en lui l'écho des investitures bibliques, celle des Prophètes et des Juges.

Du premier coup, — un coup de maître, s'il en fut jamais dans l'histoire des idées comme dans l'histoire de la littérature, — il s'impose à l'attention, au respect, à l'obéissance d'une multitude d'âmes. Son *Institution chrétienne* est à la fois le plus grand et le plus décisif de ses ouvrages. Livre consubstantiel à son auteur, comme les *Essais* de notre Montaigne, mais dans un sens plus haut, plus noble, de toute la différence qui sépare une autobiographie, si attachante qu'elle soit, de l'exposé d'une doctrine religieuse touchant les rapports de Dieu et de l'homme, ce livre, Calvin le reprendra à plusieurs reprises pour l'accroître, pour le développer, mais sans jamais en modifier l'allure générale, et surtout l'intime et profonde signification.

Le lecteur trouvera en appendice un tableau synoptique, où il pourra saisir sur le vif comment s'est fait, de l'intérieur et, comme on dit en biologie, par intussusception, ce développement, cette extension d'un même livre qui, selon les termes mêmes de Calvin, après avoir été un manuel *(enchiridion)* devint une véritable somme *(compendium)*.

Calvin publiera, dans la suite, des traités fragmentaires sur tel ou tel point du dogme ou de la liturgie calvinistes ; des commentaires sur tel ou tel livre de l'*Ancien* ou du *Nouveau Testament* ; des ouvrages polémiques, soit sur des doctrines controversées, soit pour sa propre justification ; des confessions de foi à l'usage des particuliers ou des peuples ; enfin, des sermons, d'une inspiration toujours élevée, d'une ardeur et parfois d'une éloquence communicative. Mais tous ces ouvrages ne seront jamais que la menue monnaie, le commentaire souvent affaibli de l'*Institution chrétienne*, qui demeure son chef-d'œuvre, au sens où l'on prenait le mot dans les corporations du moyen-âge.

Voyons dans le détail la genèse de cette œuvre, depuis le moment où l'auteur en a entrevu la possibilité jusqu'à l'heure où, résolu à libérer sa conscience, il en a signé, le 23 août 1535, la courageuse préface à François Ier.

III

LA GENÈSE
DE L'INSTITUTION CHRÉTIENNE

Voici en quels termes l'auteur de l'*Histoire des Églises réformées au royaume de France*, situe sur le plan général de l'histoire de la Réforme dans les pays de langue française l'apparition ou, si l'on préfère, la publication de l'*Institution chrétienne*.

Après avoir évoqué l'affaire des Placards en octobre 1534, puis la fameuse procession du 29 janvier 1535, à laquelle le roi « se trouva en personne, avec ses trois enfants, cheminans à pied, teste nue, avec cierge de cire blanche ardens en la main », puis la persécution qui s'ensuivit et où Estienne de la Forge, l'ami de Calvin, cueillit, parmi beaucoup d'autres, la palme du martyre, de Bèze signale que « plusieurs excellentes personnes s'en bannirent [de France] volontairement à cette occasion, desquels furent Jean Calvin, et avec lui un autre très docte en hébreu, nommé Pierre Robert Olivetan ».

Et il continue : « Cette persécution émut les princes protestants allemands (de l'amitié desquels le roi avait alors à faire) de s'en plaindre, d'autant qu'ils s'estimaient condamnés aux personnes qu'on persécutait : envers lesquels le roi, par le conseil du seigneur de Langey (devenu plutôt serviteur du roi que de Dieu) s'excusa, disant que malgré soi il avait été contraint d'user de cette rigueur, seulement contre certains rebelles, voulant troubler l'état sous ombre de religion. Ce qui donna occasion à Jean Calvin, étant pour lors à Basle, de dresser ce livre incomparable, intitulé l'*Institution de la religion chrétienne*, dédié au roi même, pour lui faire entendre que faussement et calomnieusement ses plus loyaux sujets étaient chargés des crimes d'hérésie et de rébellion [1]. »

Ainsi, à en croire l'auteur de l'*Histoire des Églises réformées*, l'*Institution* serait née d'une pensée de protestation, d'une sorte de réflexe contre les explications fournies par le roi à ses alliés d'Allemagne. L'importance de l'ouvrage et son caractère pour ainsi dire définitif s'accordent assez mal à cette idée d'improvisation, comme aussi au peu de temps dont disposa l'auteur entre le mois de janvier et celui d'août, où il remit à l'éditeur son manuscrit.

Interrogeons les premières biographies de Calvin. Interrogeons Calvin lui-même, qui s'est expliqué, sur ce point, d'abord dans l'argument de sa traduction française, en 1541, de la seconde édition latine de 1539, puis dans la préface du *Commentaire sur les Psaumes*.

On sait qu'au lendemain de la mort du Réformateur, en 1564, il a paru une première biographie, rédigée en français par Th. de Bèze et qui, à vrai dire, est une

1. T. de Bèze : *Histoire*, p. 14.

notice nécrologique, hâtive et fervente, plutôt qu'une biographie, au sens rigoureux du mot. Le pasteur Colladon en donna, la même année, une deuxième édition, un peu développée, toujours en français. Enfin, en 1576, de Bèze publia, en latin, une troisième édition, où il essaie de faire, cette fois, œuvre critique.

Voici ce qu'il dit dans la première édition :

« Il [Calvin] partit donques de France, l'an 1534, et cette mesme année fit imprimer à Basle sa première *Institution* comme un Apologétique addressé au feu roi François, premier de ce nom pour les povres fideles persecutez, ausquels à tort on imposait le nom d'Anabaptistes, pour s'excuser envers les princes protestants des persécutions qu'on leur faisait [1] ».

De son côté, Colladon écrivait : « Là [à Bâle] Calvin, ayant demeuré quelque temps, fit imprimer sa première *Institution*, comme un Apologétique adressé au roy François premier de ce nom pour les povres fidèles persecutez, ausquels à tort on imposait le nom d'Ana- baptistes, pour excuser envers les princes protestants les persecutions qu'on faisoit contre l'Evangile : comme luy-même l'a escrit en la Préface de son *Commentaire sur les Psaumes* [2]. »

Je traduis sur le latin de la troisième édition :

« Considérant la situation..., Calvin résolut de quitter la France. Dans ce dessein, en compagnie de celui chez qui il avait vécu quelque temps, comme je l'ai dit, il fit route vers Bâle à travers la Lorraine... Ils arrivèrent à

1. *Opera*, XXI, p. 30.
2. *Opera*, XXI, pp. 57-58.

Bâle. Là, il eut surtout pour amis Simon Grynée et Wolfgan Capiton, et se livra à l'étude de l'hébreu. Il s'appliquait par tous les moyens à passer inaperçu *(latere)*, ainsi qu'il appert d'une lettre que Bucer lui adressa l'année suivante. Cependant, il fut forcé de publier *(edere)* l'*Institution de la Religion chrétienne*, comme il l'intitula et qui fut l'origine d'une œuvre de longue haleine... Ne pouvant supporter [les calomnies de François Ier] qui constituaient un outrage à la vraie religion, Calvin saisit cette occasion de publier son livre qui, à mon avis, est incomparable. Il y ajouta une excellente préface : si le roi par hasard l'avait lue, ou je me trompe fort, ou un grand coup eût été portée à cette prostituée de Babylone. Ce roi n'était pas comme ses successeurs, il était bon juge, savait discerner la vérité, favorisait les savants et, livré à lui-même, ne nous était pas hostile. Hélas ! il ne connut pas ce livre ; encore moins le lut-il : ni les péchés du peuple de France, ni ceux du roi lui-même ne le permirent, car le colère de Dieu menaçait déjà ! » [1]

L'indication est, ici et là, plus précise que dans l'*Histoire des Églises réformées*. Il ne s'agit, à Bâle, que de la publication du livre. Calvin, à son tour, va fixer ce point d'histoire, dont on verra tout à l'heure l'importance.

Ouvrons la préface au *Commentaire sur les Psaumes*. Le témoignage est de 1558 ; il revêt la solennité d'une déposition devant l'Histoire :

« Cependant que je demeuroye à Basle, estant là comme caché et cognu de peu de personnes, on brusla en France plusieurs fideles et saincts personnages, et, le bruit en estant venu aux nations estranges [étrangères], ces bruslemens furent trouvez fort mauvais par une grande partie

1. *Opéra*, XXI, p 124-125.

des Allemans, tellement qu'ils conceurent un despit contre
les autheurs de telle tyrannie : pour l'appaiser, on feit
courir certains petits livres mal-heureux et pleins de mensonges qu'on ne traitait ainsi cruellement autres qu'anabaptistes et gens séditieux, qui par leurs resveries et fausses
opinions renversoyent non seulement la religion, mais aussi
tout ordre politique. Lors moy, voyant que ces piattiqueurs
de cours par leurs déguisemens taschoyent de faire non
seulement que l'indignité de ceste effusion du sang innocent
demeurast ensevelie par les faux blasmes et calomnies
desquelles ils chargeoient les saincts martyrs après leur
mort, mais aussi que par après il y eust moyen de procéder
à toute extrémité de meurtrir les povres fideles, sens que
personne en peust avoir compassion, il me sembla que,
sinon que je m'y opposasse vertueusement [avec courage],
en tant qu'en moy estoit, je ne pouvoys m'excuser qu'en
me taisant je me fusse trouvé lasche et déloyal. Et ce fut la
cause qui m'incita à publier mon *Institution de la Religion
Chrétienne* : premièrement à fin de respondre à ces meschans
blasmes que les autres semoyent et en purger mes frères,
desquels la mort estoit précieuse en la présence du Seigneur :
puis après, afin que d'autant que les mesmes cruautez
pouvoyent bien tost après estre exercées contre beaucoup
de povres personnes, les nations estranges fussent pour le
moins touchées de quelque compassion et solicitude pour
iceux. Car je ne mis pas lors en lumière le livre tel qu'il
est maintenant copieux et de grand labeur, mais c'estoit
seulement un petit livret [*breve enchiridion*] contenant
sommairement les principales matières : et non à autre
intention, sinon à fin qu'on fust adverti quelle foye tenoient
ceux lesquels je voyoye que ces meschans et deloyaux
flatteurs diffamaient vilenement et mal-heureusement. »[1]

1. *Opera*, XXI, p. 24.

Il n'y a là-dessus aucun doute. L'occasion qui a hâté la publication de l'*Institution*, c'est la persécution de 1535. Tous les témoignages concordent sur ce point, — celui de Calvin et de ses premiers biographes. Mais était-ce l'objet primitif de l'ouvrage? était-ce l'intention première de l'auteur? Non pas. Il méditait l'*Institution*, avant que François Ier, pour justifier la persécution que, par faiblesse ou par politique, il laissait s'organiser, songeât à accuser les Réformés de rébellion contre l'État. Tout au plus peut-on dire que les mesures de répression ont déterminé Calvin à s'adresser au roi lui-même, et par conséquent qu'elles ont été le prétexte, ou l'occasion d'écrire la préface elle-même. Il faut, à notre avis, aller plus loin, et nous l'établirons au chapitre consacré à l'édition de 1536. Il paraît assez vraisemblable que les deux derniers chapitres, les Ve et VIe de l'édition latine de 1536, le premier intitulé *Des faux sacrements* ; l'autre, *De la liberté chrétienne*, n'ont été conçus et écrits qu'en manière de protestation, toujours sous l'impression du libelle qui accusait, auprès des princes allemands, les Réformés français de rébellion contre l'autorité royale. Ces deux chapitres ne rentraient pas, à ce qu'il semble, dans le plan primitif.

Mais quel était alors l'objet primitif de l'*Institution* et quelle fut l'intention première de Calvin?

Lisons d'abord dans la préface à « très hault, très puissant et très illustre Prince, François Roy de France très chrétien, son Prince et souverain seigneur : » : « Au commencement que je m'appliquay à escrire ce present livre, je ne pensoye à rien moins, o Tresnoble roy, que d'escrire choses qui fussent presentées à ta

Majesté. Seulement mon propos estoit d'enseigner quelques rudimens : par lesquels, ceux qui seroient touchez d'aucune bonne affection de Dieu, feussent instruictz à vraie piété. Et principalement vouloye, par ce mien labeur, servir à nos Francois : desquels j'en voyois plusieurs avoir faim et soif de Jesus-Christ, et bien peu, qui en eussent receu droicte congnoissance. Laquelle mienne deliberation on pourra facilement appercevoir du livre : en tant que je l'ay accommodé à la plus simple forme d'enseigner qu'il m'a esté possible.

Mais voyant que la fureur d'aucuns iniques s'estoit tant élevée en ton royaume, qu'elle n'avait lais[s]é lieu aucun à toute saine doctrine, il m'a semblé estre expédient, de faire servir ce present livre, tant d'instruction à ceux que premierement j'avoye délibéré d'enseigner : que aussi de confession de Foy envers toy : dont tu congnoisses quelle est la doctrine, contre laquelle, d'une telle rage, furieusement sont enflambez ceux qui, par sang et par glaive troublent aujourd'hui ton Royaume. Car je n'auray nulle honte de confesser, que j'ai icy comprins quasi une somme de ceste mesme doctrine, laquelle ilz estiment devoir estre punie par prison, bannissement, proscription et feu : et laquelle ilz crient devoir estre deschas[s]ée hors de terre et de mer. Bien scay-je de quelz horribles raportz ilz ont rempli tes ourailles et ton cœur : pour te rendre notre cause fort odieuse. Mais tu as à réputer selon ta clémence et mansuétude qu'il ne resterait innocence aucune, n'en dictz n'en faictz [ni...ni], s'il suffisait d'accuser [1]. »

1. *Institution Chrétienne.* Édition Lefranc, Châtelain, Pannier I. v-vi.

Nous avons ici le point de suture, pour ainsi dire, entre les deux intentions qui successivement ont présidé à la conception et à la réalisation de l'*Institution chrétienne*. C'est que le but de l'auteur s'est modifié en cours de route. Plus exactement, il s'est enrichi d'un point de vue nouveau : laver, aux yeux de François Ier et aux yeux des Français, ses correligionnaires, du reproche de rébellion. Il reste que primitivement l'ouvrage avait une portée doctrinale.

La citation qu'on vient de lire est extraite de la préface telle qu'on la trouve, tantôt en latin, tantôt en français, dans les éditions successives de l'*Institution chrétienne*, celle de 1531, celle de 1539 traduite en 1541, celle de 1559 traduite en 1560. Mais on trouverait confirmation de l'intention première de Calvin dans l'argument de la traduction française de l'*Institution*, en 1541 :

« A fin que les lecteurs puissent mieux faire leur proffit de ce présent livre, je leur veux bien monstrer en brief l'utilité qu'ils auront à en prendre. Car, en ce faisant, je leur monstreray le but, auquel ilz devront tendre et diriger leurs intentions en les lisant. Combien que [quoique] la Saincte Escripture contienne une doctrine parfaite, à laquelle on ne peut rien adjouster : comme en icelle notre Seigneur a voulu desployer les thresors infiniz de sa sapience : toutesfois, une personne qui n'y sera pas fort exercité[e] [entraînée], a bon mestier [a besoin] de quelque conduite et addresse pour scavoir ce qu'elle y doibt cercher : à fin de ne l'esgarer point ça et là, mais de tenir une certaine voye, pour attaindre tousjours à la fin où le sainct Esprit l'appelle. Pourtant [par conséquent] l'office de ceux qui ont receu plus ample lumière de Dieu que les autres, est, de subvenir aux simples en cest endroict : et quasi leur prester

la main, pour les conduire et les ayder à trouver la somme
de ce que Dieu a voulu nous enssigner en sa parolle » [1].

Difficulté d'interpréter l'Écriture ; devoir pour ceux
qui ont reçu la lumière d'aider leurs frères moins favo-
risés : tels sont les deux principes d'où Calvin a puisé
sa résolution de rédiger ce qu'il appelle un manuel :

« Voyant donc que c'estoit une chose tant nécessaire,
que d'ayder en ceste façon ceux qui désirent d'estre instruictz en la doctrine de salut, je me suis efforcé, selon la
faculté que le Seigneur m'a donnée, de m'employer à ce
faire : et à ceste fin j'ay composé le présent livre. Et premièrement l'ay mis en latin : à ce qu'il peust servir à toutes
gens d'estude, de quelque nation qu'ilz feus s ent [il s'agit
de l'édition de 1536] : puis après désirant de communiquer
ce qui en pouvait venir de fruict à notre Nation Francoise :
l'ay aussi translatée en notre langue [il s'agit de la traduction en français de l'édition latine de 1539] ».

Nous tenons ici l'idée première qui a présidé à la
genèse de l'*Institution chrétienne*. Calvin s'est avant
tout proposé de rédiger, à l'intention des Réformés,
un recueil doctrinal. Le mot catéchisme convient ici
à merveille. C'est du reste celui qui s'employait cou-
ramment à propos de l'ouvrage, en 1536.

Le 28 mars, Marc Bertschi, de Bâle, annonce à
Vadian que Platter vient d'imprimer « le catéchisme
(catechismus) d'un certain Français (cujusdam Galli)
au roi de France [2] ». Plusieurs années durant, l'*Institution* ne sera désignée que sous ce nom, soit par

1. *Ibid.*, p. 11.
2. Herminjard, IV, p. 23, n. 9.

Oporin, qui avait souhaité imprimer la seconde édition[1], soit par l'auteur lui-même, qui s'occupe de cette nouvelle édition[2].

Or, il n'y avait pas, jusque-là, d'ouvrage qui répondît à ce besoin à la fois d'instruction solide et de pieuse édification. On ne connaissait guère que les *Loci communes rerum theologicarum, seu hypotyposes theologicæ*, de Mélanchton, parus en 1521 ; le *Commentarius de vera et falsa religione*, de Zwingle, publié en 1525 ; la *Summaire briève déclaration d'aucuns lieux fort nécessaires à ung chacun chrestien pour mettre sa confiance en Dieu et ayder son prochain*, de Guillaume Farel, publiée en 1536, l'année même où parut l'*Institution chrétienne*[3].

Le premier de ces ouvrages fut d'abord parlé avant d'être écrit. Il dut son origine à un cours, professé à Wittemberg par Mélanchton, un des disciples de Luther, dans sa propre maison, devant un auditoire de choix, sur l'*Épître aux Romains*. Comme il en circulait des copies plus ou moins exactes, l'auteur, qui avait à peine vingt-trois ans, se décida à publier son cours. Il s'en fit, dans plusieurs langues, une série d'éditions de plus en plus développées, de plus en plus systématiques. Celle que Calvin eut, selon toute vraisemblance, entre les mains, au moment où il écrivit l'*Institution*, contenait 38 chapitres. C'était, au fil du texte commenté, les principales vérités du christianisme, les lieux communs de la théologie réformée. Toutefois, il manquait à l'ouvrage, même dans l'édition

1. *Ibid.*, p. 208.
2. *Ibid.*, V, p. 134, n. 7.
3. *Opera*, III, pp. VII-IX.

qu'utilisa Calvin, la suite logique, le développement organique qu'on trouvera dans l'*Institution*.

Zwingle, qui avait introduit la Réforme à Zurich, écrivit son *Commentarius* à la demande de réfugiés français et italiens qui se trouvaient, soit à Zurich même, soit à Bâle, soit à Strasbourg. Plus théologien que Mélanchton, il partait de la définition de la religion pour exposer, sous 27 titres, les principaux aspects du dogme chrétien. On y retrouvait, comme chez Mélanchton, les thèmes essentiels : Dieu, l'âme, le péché, la grâce, etc. Le *Commentarius* était, pour le dire en passant, dédié à François Ier, comme le sera, dix ans plus tard, l'*Institution*. Quelques années après, à la prière de Maigret, ambassadeur français en Suisse, Zwingle rédigeait à l'intention du roi un sommaire apologétique de la doctrine réformée. Il en parvint une copie à la cour de France, par les soins de Rodolphe Collin. Mais le texte n'en fut publié qu'en 1536, par le successeur de Zwingle, Bullinger, sous le titre suivant : *Brevis et clara fidei expositio ad Regem christianum.*

Les deux précédents ouvrages étaient écrits en latin. Farel rédige le sien en français, — un français archaïque, savoureux. Moins savant, moins méthodique, son livre est, en revanche, plus pratique, plus populaire. Il se ressent de l'apostolat exercé par Farel : on devine l'auditoire de gens modestes, d'esprit simple, candides et fervents. Les mêmes thèmes y sont traités, mais ici en antithèse avec l'enseignement de l'Église romaine, la *Déclaration* ayant un caractère plus nettement polémique que le *Commentarius* ou les *Loci communes.*

Il convient enfin de mentionner, traduits tous les

deux dans presque toutes les langues, le petit et le grand *Catéchisme* de Luther. Étrangers à la théologie scientifique, ils répondaient, en revanche, aux préoccupations qui semblent avoir déterminé Calvin à rédiger son *Institution*, avant l'affaire des Placards.

Il ne paraît pas douteux, sans qu'on puisse apporter à ce sujet de témoignage positif, que Calvin ait connu ces ouvrages, soit dans les Universités de Bourges et d'Orléans, où il coudoya des étudiants d'origine allemande, soit dans la familiarité de Melchior Wolmar qui possédait une bibliothèque où figuraient sans aucun doute Luther, Zwingle, Mélanchton, peut-être Farel. Prohibés, certes, ils l'étaient, tous, ces livres, mais cette interdiction n'empêchait ni de hardis colporteurs ni des croyants intrépides de les introduire en France, de les faire circuler sous le manteau, à la merci d'une imprudence qui pouvait leur devenir fatale, mais qui entrait, à cette heure héroïque, dans les risques d'une foi sincère avec elle-même.

Que Calvin, plus ou moins influencé par l'exemple de Farel dont la *Déclaration* avait été répandue avant d'être recueillie, en 1536, avec d'autres textes, par celui de Zwingle, de Mélanchton, de Luther, ait songé à écrire un manuel pour l'instruction et l'édification des âmes, cela paraît nettement établi. Mais il est moins aisé de déterminer à quelle époque remonte sa décision et à quel moment précis il en a commencé la réalisation.

Il faut admettre, en tout état de cause, que ce projet, essentiellement apostolique, né d'un mouvement de prosélytisme, supposait Calvin définitivement acquis

à la Réforme. On n'imagine pas une pareille détermination chez quelqu'un qui eût hésité, encore incertain, entre l'orthodoxie romaine et les idées réformistes.
Mais précisément sur le point de dater la conversion
du Réformateur, ses biographes ne sont pas d'accord.
On relève en gros un écart de plusieurs années entre
les dates assignées à cet événement. Les uns la font
remonter à 1529, lors du séjour à Bourges, dans la
familiarité de Wolmar, réfugié dans cette ville à cause
de ses idées ; les autres la reculent jusqu'à 1534, au
moment où il résigne les bénéfices ecclésiastiques dont
il avait été indûment pourvu.

Sans préjuger la date de la conversion de Calvin, qui
est liée, pour le dire en passant, à la nature de cette
conversion ou de ce qu'on appelle ainsi, il est acquis
qu'à Bâle il n'a pu que mettre au point son travail,
l'enrichir probablement de deux chapitres et écrire la
préface au Roi. Force est donc de reculer la rédaction
de l'*Institution*. Mais d'où venait Calvin ? De Nérac,
en dernier lieu, où il avait salué le vieux Le Fèvre, et,
précédemment, d'Angoulême, où il avait séjourné chez
son ami, Louis Du Tillet, curé de Claix et chanoine
de l'église cathédrale. Il y vécut quelques mois. Il y
arriva à la fin de 1533, ou au commencement de 1534 :
on manque d'indications précises. Il était en mai,
à Nérac. Dans l'intervalle, il a pu jeter sur le papier,
sinon le texte définitif, au moins une première rédaction,
déjà fort poussée.

A défaut de témoignages positifs, nous possédons
là-dessus des vraisemblances, qui autorisent la conjecture, la rendent même plausible. En mars 1534,
Calvin écrivait à son ami Daniel :

« La seule chose qui puisse t'intéresser en ce moment, c'est que je me porte bien et que, selon ma paresse que tu connais bien, j'avance dans mes études. Certainement la bonté de mon protecteur, si grande qu'elle s'adresse, je le comprends bien, aux lettres et non à ma personne, exciterait la mollesse de l'homme le plus inerte... Je m'estimerais très heureux, s'il m'est permis de passer dans un tel repos ce temps d'exil et de retraite. Mais le Seigneur fera ce qu'il voudra, lui dont la Providence verra ce qui vaut le mieux. J'ai appris par expérience qu'il ne nous est pas permis de prévoir un trop long avenir. Tandis que je me promettais d'être tranquille, le danger que je ne craignais pas du tout était à ma porte. Au contraire, quand je redoutais un sejour affreux, *un nid m'était préparé dans la paix, contre toute attente.* Et tout cela, c'est la main de Dieu qui le fait. Si nous nous confions en lui, il veillera lui-même sur nous. Mais j'ai déjà rempli une page d'écriture et de ratures. Adieu. Salut ceux que tu voudras »[1].

Négligeons l'accusation de paresse qu'il porte contre lui-même. Au fait, il avoue qu'il avance dans ses études. Où pourrait-il mieux travailler? A l'ordinaire, il loge chez Du Tillet, un ami déjà ancien[2], au presbytère de Claix. Mais Du Tillet n'hésite pas à l'introduire dans la maison paternelle, à Angoulême. « Il y a là une longue galerie meublée lors de trois à quatre mil volumes de livres, tant de manuscrits que d'autres[3]. » Sans doute, Calvin paie l'hospitalité qu'il reçoit en apprenant le grec à son ami. Mais il lui reste des loisirs et il sait en user. Le travail et l'amitié se partagent

1. *Opera*, x[b], p. 39. Herminj, III, p. 158.
2. *Opera*, X[1], p. 146, n. 1. Herminj, IV, p. 358, n. 15.
3. Florimond de Ræmond. *Histoire et progrès de l'hérésie.* p. 885

ses jours : on comprend qu'il évoque l'aimable image
d'un « nid » préparé à son intention par la Providence.

On est donc assez fondé à accepter cette fois, sous
réserve de quelques détails suspects, ce qu'écrit Florimond de Ræmond : « Angoulesme fut la forge où
ce nouveau Vulcain bastit sur l'enclume les estranges
opinions qu'il a depuis publiées : car c'est là où il
ourdit premièrement pour surprendre la chrestienté,
la toile de son *Institution* qu'on peut appeler l'Alcoran
ou plutost le Talmud de l'Heresie, estant un ramas
de toutes les erreurs quasi du passé, et qui seront, ce
croy-je, à l'avenir... On l'appelait ordinairement le
grec de Claix, du nom de son maître, le curé de Claix,
parce qu'il faisait à tout coup parade de son grec...
Ce grec de Claix donc, en bonne estime et réputation,
aimé de tous ceux qui aimaient les lettres, parmi ses
discours enfiloit des propos de la religion, laschoit
tousiours quelque mot piquant contre l'authorité et
les traditions de l'Église. Il fut bien tost appuyé de
plusieurs personnes d'authorité, mesme d'Anthoine
Chaillou, prieur de Bouteville, qu'on appela depuis
le Pape des Luthériens, et de l'abbé de Bassac, tous
deux hommes de lettres, curieux [soigneux] de ramasser
tous les bons livres qui se pouvaient trouver, et du
sieur de Torsac, frère du président de la Place, historien depuis du calvinisme. Calvin estoit souvent
avec ces deux, où Du Tillet se trouvoit aussi. Leur
rendez-vous estoit en une maison, hors la ville d'Angoulesme, nommée Girac, où ce prieur de Bouteville
faisoit son ordinaire demeure. Là, il les entretenoit
du dessein de son *Institution*, leur faisoit ouverture
de tous les secrets de sa théologie, lisoit des chapitres

de son livre à mesure qu'il les composoit, si assidu après ce travail que souvent il passoit les nuicts entières sans dormir et les jours sans manger. »[1]

Visiblement, Florimond se laisse prendre à son récit, et, sous couleur de mieux suivre Calvin « sur ses voyes et pas à pas », il n'hésite point, le cas échéant, à suppléer au défaut de son information. Mais du texte qu'on vient de lire, il ressort assez clairement que, pourvu de livres, dans la compagnie d'esprits cultivés, tantôt à Girac, tantôt à Claix, Calvin a pu, en quelque sorte, parler son *Institution* avant de l'écrire. Tout s'accordait ici à lui faciliter sa tâche : une sécurité relative, une bibliothèque de choix, des conversations ferventes, une communion véritable d'idées et de sentiments avec ses interlocuteurs.

Peut-être alors se ressouvint-il que, lors de son séjour à Bourges, ou même à Orléans, certains condisciples, touchés de l'inquiétude religieuse qui est assez générale alors parmi les étudiants[2], et séduits par l'autorité précoce de sa parole, lui avaient demandé un conseil au moment de choisir entre l'Église et la Réforme. Ces sollicitations trouvent en lui, à présent, un écho. Sa pensée, élargissant son vol, embrasse, par-delà ces âmes d'élite, cultivées et généreuses, les âmes innombrables qu'elles pourraient, mieux instruites, atteindre dans la foule des gens mécaniques, ouvriers et paysans, gens de bonne volonté mais de peu de savoir, voués à la superstition, au blasphème, à l'idolâtrie. Et son dessein d'écrire « un petit livret contenant les princi-

---

1. Florimond, *Histoire...*, p. 884.
2. A Autin, *L'Échec de la Réforme...* Appendice II, p. 261 et sq.

pales matières » de la foi chrétienne s'affermit, s'assure et tend d'instinct à se réaliser. Aux âmes incertaines, inquiètes, il apportera le message du salut.

Que si maintenant, par une démarche en sens inverse, nous rétablissons l'ordre chronologique, et, en même temps, l'évolution logique de son dessein, nous pouvons dire qu'initié aux idées nouvelles par son cousin Olivétan, par ses maîtres Mathurin Cordier et Melchior Wolmar, gagné à son tour au désir de réformer l'Église au point de vue de la doctrine, des mœurs, de la liturgie, Calvin a trouvé, dans le milieu de choix que Du Tillet lui assurait à Angoulême, l'occasion propice pour mettre au net la confession de la doctrine réformiste.

Ce livre, ébauché peut-être à l'Université d'Orléans ou de Bourges, dans des entretiens avec Daniel, Du Chemin ou quelque autre condisciple, il l'écrit à présent, sûr désormais de sa foi, pour éclairer ses frères et, les circonstances l'exigeant, pour laver les martyrs d'une odieuse calomnie.

IV

LES ÉDITEURS DE L'*INSTITUTION CHRÉTIENNE*, DE 1536

Pénétrons, à la suite de Calvin, dans l'imprimerie de Platter et de Lasius, d'où sortit, certain jour de mars 1536, sous la forme d'un petit in-8° de 520 pages, la première édition en latin de l'*Institution chrétienne*.

Nous avons la bonne fortune de posséder sur Platter, qui devint dans la suite directeur de l'école de la cathédrale et mourut grand scholarque de Bâle, une copieuse biographie, enrichie en appendice des *Mémoires* de son fils, Félix. Cette *Vie de Thomas Platter* nous permet, avec ce que nous avons conservé de la correspondance des Réformateurs, de surprendre, pour ainsi dire, sur le vif l'activité si étonnante de ces imprimeurs du XVIe siècle.

Calvin, dès son arrivée à Bâle, avait entendu parler de Platter et de Lasius. Il est infiniment probable que, dès que fut connu, dans le petit cercle de réfugiés où il fut accueilli, son dessein de publier un livre, on intervint auprès de lui pour qu'il confiât son manuscrit à ces imprimeurs. Peut-être Myconius lui-même, le pasteur de Bâle, avec qui Calvin était en relations,

Nous savons, en effet, que ce Myconius ne manquait pas de signaler à ses amis les presses de Platter. En juin 1835, il écrivait à Bullinger : « Je te recommande Platter le nouvel imprimeur : si tu peux lui confier quelque chose, sans offenser Froschower (l'éditeur ordinaire de Bullinger), ne l'oublie pas. Les choses que tu écris sont recherchées et se vendent bien. »[1] Dans le même temps, à la date du 13 juillet de la même année, il écrivait à Pellican, qui se trouvait à Zurich : « Thomas [Platter] est dans le besoin, comme quelqu'un qui essaie un métier. Il a un outillage abondant, solide, élégant... Lui-même a fait ses preuves, et il y a là Oporin, jeune homme bon, docte, bien au courant, laborieux... Bref, pour la forme exacte du volume, pour ses aides, pour leur exactitude, tu peux être tranquille. Tu ne peux croire combien tu seras agréable à tous ceux qui aiment Platter. »[2]

L'imprimerie était établie au quartier du Mont Saint-Pierre, au grand Bâle, dans la maison de l'Ours Noir, vis-à-vis l'hôtel qu'avait occupé d'Andlow, le premier recteur de l'Université. Habitée au XIVe siècle par des béguines, elle portait, à l'époque, l'enseigne de *Zum Fueden* (A la paix). Il ne subsiste aujourd'hui de cette maison qu'une façade, bien exposée à la lumière, avec de hautes fenêtres à meneaux et qui se prêtait admirablement au travail de la composition.

Cette imprimerie appartenait à une association, qui comprenait, outre Platter, Oporin, Balthasar Ruch, lequel avait traduit son nom en Lasius, et enfin Ru-

1. *Opera*, Xb, p. 47.
2. *Opera*, Xb, p. 50.

precht Winter, beau-frère d'Oporin. Nous possédons des détails sur la façon dont les quatre associés se répartissaient le travail et les responsabilités. Winter fournissait les fonds nécessaires à l'entreprise. Oporin lisait les manuscrits. Platter et Lasius s'occupaient de l'impression proprement dite.

Un lecteur moderne ne se fait pas une idée exacte de ce que fut, à ses débuts, l'imprimerie. Faute de traditions séculaires, de statuts corporatifs et, par conséquent, des moyens de se recruter, elle s'improvisa d'une manière héroïque. Intimement liée au mouvement de la Renaissance et de la Réforme, dont elle a été, ici et là, l'auxiliaire la plus précieuse, elle suscita des enthousiasmes naïfs et des dévouements sublimes. Elle revêtit le plus souvent, surtout lorsqu'elle se mit au service des idées de réforme, le sérieux, la gravité d'une occupation en quelque sorte cultuelle, ou liturgique. Il s'est fait, pour la diffusion de la Réforme, dans les imprimeries de l'époque, en Suisse et dans quelques villes de France, à Paris, à Lyon, autant et plus que par le ministère des pasteurs dispersés sur le territoire.

Nos quatre associés avaient mené, avant de se réunir à l'Ours Noir, l'existence la plus laborieuse qui se puisse imaginer. C'est sur Platter, comme il est naturel, que nous possédons les renseignements les plus abondants, les plus pittoresques. Ses études finies, il s'était résolument engagé chez un cordier, place du Rinder Markt, Hans Stœhelin, surnommé le cordier rouge. Dans l'intervalle de son travail, la nuit, il étudiait le latin, l'hébreu. Il n'était pas rare, le jour, durant qu'il travaillait des mains, de voir, fichée à une fourchette, quelque page d'auteur latin que lui donnait un imprimeur de la ville, Andreas Cratander. Le soir venu, dans une modeste chambre, assis contre le poêle, il enseignait l'hébreu à quelques disciples, et l'on conte qu'un Français de passage, désireux de l'entendre sur sa réputation de savoir, demeura confondu de le voir mal vêtu et de mauvaise mine, car il se nourrissait aussi mal qu'il s'habillait. Platter avait tous les courages. Il se maria, au cours d'un voyage à Zurich, sans être assuré des lendemains. Il eut, de cette union, un enfant. Le couple revint à Bâle. La femme se plaça chez le pasteur Myconius ; Platter était correcteur d'imprimerie chez Hervagius. Telle était la modicité de leurs ressources qu'ils n'avaient point de verre, et buvaient, chacun son tour, à une fiole au col allongé.

Oporin, dont la graphie Oporinos, empruntée au grec, traduisait le nom de famille, Herbst, avait, durant quatre ans, servi le célèbre empirique Paracelse. Il avait étudié le grec avec frénésie. A partir de 1533, il enseigna cette langue au Pædagogium. En 1536, il passa à l'Université de la ville. Il était en relations suivies avec Platter. C'était lui qui l'avait obligé à enseigner l'hébreu à quelques étudiants, et il lui laissa sa chaire au Pædagogium.

A côté de Platter et d'Oporin, Lasius et Winter, faute de renseignements sans doute, paraissent assez pâles, presque ternes.

Le fait est que, pour 800 florins, ils prirent possession, à l'automne de 1535, de l'atelier de messire Andreas Cratander, celui-là même qui fournissait Platter de textes latins pour étudier. La femme de

Cratander, à ce qu'on nous assure, « ne voulait plus d'un état aussi malpropre ».

A la vérité, en dépit de goûts communs pour l'imprimerie et pour les belles éditions, l'association fut assez orageuse Les mœurs, à cette époque, étaient rudes ; les caractères, peu accommodants. Voici, racontée par Platter lui-même, une scène qui aidera à comprendre que nos quatre éditeurs aient fini, un beau jour, par se séparer.

« Nous avions travaillé tout le dimanche ; à onze heures du soir, j'étais occupé à revoir des épreuves, quand Balthasar [Lasius] se mit à me lancer des mots piquants et finit bientôt par se répandre en injures.

— Dis-donc, Valaison, je ne t'ai pas bien compris, l'autre jour : notre manière d'agir serait-elle contraire à l'honnêteté ?

C'était Balthasar qui dirigeait l'imprimerie de l'Ours, établie dans une maison que Cratander nous avait louée. Je répondis comme je le devais à cette grossière apostrophe. Balthasar se tut, mais, saisissant un épais châssis, il s'approcha de moi par derrière, pendant que je lisais l'épreuve ; il avait déjà les deux bras levés pour m'asséner un coup sur la tête, quand, en regardant de côté, je m'aperçus de cette manœuvre ; je me levai subitement et parai le coup avec le bras. Nous en vinmes aux prises. Comme un furieux, il m'égratignait le visage et cherchait, avec le doigt, à me crever un œil. Voyant son intention, je lui déchargeai sur le nez un tel coup de poing qu'il tomba à la renverse et resta un bon moment sans connaissance, tandis que sa femme, à genoux auprès de lui, criait :

— Hélas ! tu as tué mon mari !

Au bruit, les ouvriers qui venaient de se coucher se relevèrent précipitamment et descendirent à l'atelier. Enfin, Balthasar reprit ses sens et voulut à nouveau me tomber dessus.

— Laissez-le arriver, m'écriai-je, je le recevrai encore mieux que la première fois.

Les ouvriers me poussèrent à la porte, et, une chandelle à la main, je retournai chez moi ; je demeurais à côté de la maison du maître d'école. En m'apercevant, ma femme s'écria :

— Oh ! vous vous êtes battus... »

Il s'agissait, à ce que Platter assure, d'un malentendu. Platter, estimant qu'on dépensait trop de l'argent prêté à l'imprimerie par Winter, aurait dit à son associé : « Nous causerons la ruine de cet homme. » L'autre, interprétant cette crainte, ou ce scrupule, comme un blâme à son adresse, se serait jeté, comme on l'a vu, sur son associé.

On devine, à ces embarras d'argent qui dégénéraient si facilement en rixe, quel prix on attachait, dans la maison, à imprimer un livre qui portât au loin, notamment aux foires célèbres de Francfort et de Lyon, la firme de l'Ours Noir. Celui de Calvin, sans doute à raison de son caractère doctrinal, parut remplir toutes les conditions requises. Peut-être songeait-on, dans l'entourage de Platter, au succès qu'avait rencontré, partout où la Réforme avait des adeptes, le *Catéchisme* de Luther. Pourquoi le *Catéchisme* de Calvin, — car c'est sous ce titre qu'il figurera au catalogue de Platter et Lasius — ne rencontrerait-il pas le même accueil ? pourquoi ne ferait-il pas le renom de l'Ours Noir ? En tout état de cause, l'ouvrage, bien lancé, devait faire connaître avantageusement, parmi les érudits, la Minerve casquée de Platter et de Lasius, avec sa fière devise : *Nihil invita dicesve faciesve.* Tu ne feras ni ne diras jamais rien, malgré toi.

A titre documentaire, d'abord, et aussi pour la lumière que ces renseignements pourraient projeter sur la physionomie intellectuelle et morale du Réformateur, on aimerait connaître les conditions du contrat qui liait l'auteur et ses éditeurs. Il faut conjecturer que l'accord se fit sans difficultés, puisque Calvin leur confia, en 1537, deux opuscules qu'il écrivit à Ferrare. Plus encore, on désirerait savoir en quoi a consisté le travail de la correction des épreuves, et si Calvin, qui avait à peine vingt-sept ans, rappelons-le, a éprouvé le besoin de remanier le texte soumis à l'imprimeur, soit par scrupule de précision, soit par souci de la forme. Mais ce qu'on souhaiterait davantage, avouons-le, ce serait d'apprendre quels sentiments l'animaient, dans le temps qu'abrité sous le pseudonyme de Lucianus, dans la paisible demeure de Catharina Klein, il donnait le bon à tirer à ces pages qui allaient l'arracher à son obscurité volontaire, à sa retraite, à son repos.

Les documents que nous possédons sont muets sur ce point. Toute conjecture serait donc hasardeuse et risquerait de romancer la biographie du Réformateur. En revanche, nous connaissons les précautions prises par les éditeurs de Calvin pour faire sortir l'*Institution* dans les conditions les plus favorables à la vente.

Le manuscrit, remis dans les derniers jours d'août 1535, puisque la préface est signée du 23 de ce mois, ne put être imprimé assez à temps pour que le livre figurât à la foire qui se tenait à Francfort, à l'automne.

Platter et ses associés décidèrent de ne le faire sortir qu'en février ou mars, à l'occasion de la foire de printemps. L'*Institution* porte, en effet, la date de mars 1536.

D'autre part, c'était la première fois que la maison exposait. Les éditeurs éprouvèrent le besoin d'ajouter au titre choisi par l'auteur *Christianæ religionis Institutio*, d'une sobriété, d'une pudeur toute calviniste avant la lettre, ce sous-titre qui, suivant la judicieuse remarque du pasteur Doumergue, sent le boniment du forain, *totam fere pietatis summam, et quicquid est in doctrina salutis cognitu necessarium complectans : omnibus pietatis studiosis lectu dignissimum opus ac recens editum.* Il faut traduire ce sous-titre ambitieux et prometteur de la façon suivante. [*Institution chrétienne*] *renfermant la somme presque entière de la piété ainsi que tout ce qui est nécessaire à la connaissance de la doctrine du salut. Ouvrage très digne d'être lu par tous ceux qui ont le goût de la piété. Vient de paraître.*

On peut se demander si Calvin fut consulté à cette occasion. Cette réclame n'était pas dans sa manière. Et il ne faut, pour s'en convaincre, que rapprocher de ce sous-titre tapageur celui qu'en 1539 il mettra à la seconde édition, publiée à Strasbourg. *Christianae religionis Institutio, vere demum suo titulo respondem,* c'est-à-dire *Institution chrétienne, vraiment conforme cette fois au titre qu'elle porte.* Cette édition comportait, comme on le sait, 17 chapitres tandis que la première n'en comptait que 6. Ce sous-titre, en même temps qu'il enregistre l'amélioration de l'ouvrage, semble bien contenir, rétrospectivement, un blâme discret pour le boniment dont on avait alourdi la première édition de l'*Institution*. Et il n'est peut-être pas interdit d'en conclure que Calvin n'admit qu'à regret ce sous-titre imaginé par les éditeurs.

Cependant la maison, sous la direction fervente d'Oporin, s'anime, pareille à une ruche : « Ce n'est plus seulement la maison de Froben, telle qu'Érasme nous la décrit aux premières heures de la Renaissance : il y a quelque chose de plus. On y retrouve bien ce va-et-vient de messages et de messagers, de marchands et d'étudiants, d'ouvriers en tournée, de poètes en quête d'éditeur, de professeurs à la recherche d'une chaire : c'est toujours la même vie enfiévrée de ces ateliers qu'Érasme appelle des fournaises, ayant pour tout délassement, le soir, les longs entretiens sur l'antiquité profane et sacrée, sur les questions théologiques et les problèmes d'érudition classique.

Ce qui arrive tous les jours chez Oporin, ce sont des fugitifs qui, par miracle, ont échappé à la persécution, à la prison, à la mort, des pasteurs dont la tête est mise à prix, des moines et des prêtres devenus luthériens et déjà condamnés par contumace ou brûlés en effigie dans leur pays. Ceux qui partent, ce sont des hommes qu'il ne faut pas compter revoir, car ils vont, au péril de leur vie, semer la Réforme en France, en Angleterre, aux Pays-Bas [1]. »

Cette ferveur qui constitue l'atmosphère de l'imprimerie n'empêche pas que la situation financière se compliquât assez rapidement. Lasius ne put désintéresser ses commanditaires, qui y perdirent, à ce qu'on assure, quelques milliers de florins. Winter y laissa

---

1. F. Buisson : *Sébastien Castellion*, I, pp. 243-244

tout son avoir. Lasius se retira de la lutte, en 1537. Oporin conserva l'imprimerie avec son beau-frère, tandis que Platter, plus habile, — le portrait qui orne sa *Vie* donne l'impression d'un paysan matois — allait s'installer, au haut de la rue Franche, à la fois comme imprimeur et comme libraire. Il prit chez lui des pensionnaires, acheta la maison qu'il occupait, fit, en 1539, décorer la façade d'une chasse à courre par Mathis. Il renonça, dans la suite, à l'imprimerie et mourut scholarque de la ville de Bâle.

Calvin demeurera en relations d'affaires, quelque temps, et d'amitié, toujours, avec Oporin. Celui-ci imprimera, après l'*Institution*, les *Duae Epistulae*[1], adressées à Duchemin et à Gérard Roussel. Il souhaitait, ainsi qu'en fait foi une lettre en date du 12 mars 1537, éditer la seconde édition, revue et améliorée, de l'*Institution*, et il en fera part humblement à Calvin.

En août 1538, le Réformateur, de passage à Bâle, logera chez Oporin, qui cumulait la direction de l'imprimerie et l'enseignement du grec. Nous avons, dans une lettre de Calvin[2], un écho des embarras d'argent où se débattait, à cette époque, le malheureux Oporin. Il devait en avoir de plus graves, à l'occasion d'une édition du *Coran*, qu'il avait entreprise, sur les conseils de Luther et de Mélanchton. Cette édition ayant été interdite, le pauvre éditeur reste avec, à sa charge, les frais d'impression. Il se tourne vers Calvin, encore une fois, et lui demande un prêteur[3].

Mais n'anticipons point. A l'époque qui nous occupe,

<hr>

1. *Opera*, X^b, p. 91.
2. *Opera*, X^b, p. 280.
3. *Opera*, XI, p. 464-466.

c'est encore, à l'imprimerie de l'Ours Noir, la fièvre qui précède, dans une maison nouvellement créée, le lancement d'un livre sur lequel on a fondé des espérances. Se doutaient-ils, alors, l'enthousiaste Oporin, le subtil Platter, leurs candides associés Lasius et Winter, que ce petit in-8°, sur la couverture duquel ils avaient inscrit leur réclame bruyante, traverserait les siècles, portant à la dernière page leurs noms, grâce à lui immortels? Évidemment non.

On aimerait recueillir, soit dans les correspondances, soit dans cette *Vie* de Thomas Platter, qui nous a conservé tant de détails infiniment moins intéressants que celui-là, les impressions que le manuscrit de Calvin éveillait chez ceux qui composaient le texte et l'imprimaient. Nul doute qu'il ait alimenté ces conversations, ces discussions par où, le soir, leur tâche achevée, se délassaient ces grands ouvriers de la Renaissance.

V

LA PRÉFACE
DE L'*INSTITUTION CHRÉTIENNE*

La préface vaut, à elle seule, qu'on s'y arrête, tant à raison de son importance historique qu'en considération de sa valeur littéraire.

Le lecteur se rappelle sans doute qu'elle a été écrite entre le mois de mars et le mois d'août de l'année 1535. C'est approximativement en mars que Calvin, arrivant de Strasbourg, apprit par ses amis réfugiés à Bâle, par Nicolas Cop peut-être, à moins que ce n'ait été par Novellet, l'attitude de François Ier à l'égard de la Réforme. Et c'est le 25 août qu'il en signe le manuscrit — *Calendas septembres*, dit le texte latin de l'édition ; « le vingt-troisième d'aoust mil cinq cent trente-cinq », dira la traduction française de 1541.

Évoquons rapidement les faits qui ont déclenché, chez l'auteur de l'*Institution*, l'idée de dédier son livre au roi, ou plus précisément, comme on va le voir, de donner à son ouvrage auprès du public cette retentissante introduction. Les Placards contre l'Eucharistie et la Messe sont du 18 octobre 1534 ; l'édit du Parlement ordonnant des poursuites et la procession expiatoire

datent, l'un, du 25 janvier ; l'autre, du 29 janvier 1535.
Le 1er février, François 1er adressait aux États de l'Empire un mémoire dans lequel il entreprenait de se
justifier des accusations répandues contre lui en Allemagne par ses ennemis. Il se défendait, en particulier,
d'avoir sévi contre les Allemands : il ne l'avait fait,
disait-il, que contre des séditieux, qui se proposaient
de bouleverser l'ordre de la société. On n'eût point,
à l'en croire, agi autrement, en Allemagne, dans une
semblable conjoncture [1].

En un mot le roi de France représentait les Réformés
français comme des fous et, encore plus, comme des
furieux : *furiosos magis quam amentes*, animés « par
l'ennemi de la vérité et du repos, par le père des discussions et du mensonge », par le diable en personne.
L'accusation ne tendait à rien moins qu'à assimiler
les Réformés de France aux Anabaptistes de Münzer
dont l'Allemagne avait conservé un si abominable
souvenir.

Ce qu'on oublie trop souvent et ce qu'il faut rappeler
pour s'expliquer et pour comprendre l'indignation de
Calvin, c'est que, dans le temps même qu'il accusait
les Réformés de sédition contre l'État, de rébellion
contre le Roi, François 1er poursuivait des négociations
avec les princes protestants d'Allemagne, en vue d'une
entente sur le terrain politique, et avec plusieurs
Réformateurs notoires, en particulier avec Bucer et
Mélanchton, aux fins d'aboutir à un accord entre les
deux fractions, orthodoxe et réformiste, qui étaient
en présence. Il avait confié le soin de ces négociations

1. Herminjard, III, pp 249-254

délicates aux deux frères de Bellay, Jean, archevêque de Paris et plus tard cardinal, Guillaume, seigneur de Langey [1].

Or, ce fut Guillaume du Bellay lui-même qui rédigea le texte du *Mémoire* aux princes et aux villes impériales d'Allemagne, dont se scandalisa la conscience protestante. D'autre part, tandis qu'on persécutait, à Paris, les Réformés, le roi, par l'intermédiaire du sieur de la Forse et de Sturm, essayait de déterminer Mélanchton à venir en France instituer avec les docteurs de la Sorbonne un débat public, d'où sortirait, croyait-il, un accord et, par suite, la concorde religieuse.

A Paris, dans l'entourage même du roi, ceux qui étaient sympathiques aux idées réformistes ne désespéraient pas encore. Sturm écrivait à Bucer, le 10 mai : « Jamais je n'ai mieux compris ce mot des Saintes Écritures : « le cœur du roi est dans la main de Dieu » que par le temps qui court, car, au milieu des bûchers, il songe à une réforme de l'Église. Si vous voyiez ces emprisonnements, ces tortures, ces bûchers et ces larmes, vous sentiriez vous-mêmes que ce n'est pas en vain que j'insiste sur la nécessité de votre voyage et de celui de Mélanchton. Il faut absolument un remède à ces dangers imminents, car les adversaires assiègent et importunent le roi dont l'esprit flotte encore dans l'incertitude. En effet, peut-on s'imaginer rien de plus contraire que la condamnation à mort de ceux qui professent l'Évangile et l'exil de Béda, leur plus grand adversaire ? Avant-hier ce dernier a été obligé de crier, publiquement et pieds-nus, merci à Dieu et au Roi,

1. *Bulletin de l'Histoire du Protestantisme*, 1903-1904.

pour ce qu'il avait écrit contre lui contrairement à la vérité. Après-demain, un autre théologien subira le même sort. Tout cela me fait espérer encore que ce n'est pas tant la volonté du roi que l'effet du rapport calomnieux qu'on lui fait, qui met les fidèles en de tels dangers. On ne fait aucune distinction entre Érasmiens, Luthériens et Anabaptistes. Tous, indistinctement sont arrêtés et mis en prison ; il n'y a de sûreté que pour les papistes. Je crois que le roi serait disposé à faire une distinction entre les séditieux et ceux qui ne professent pas la doctrine reçue relativement à l'Eucharistie. Faites-donc vos efforts pour délivrer des prisons et pour arracher aux bûchers tous ceux dont la vie est menacée parce qu'ils professent la même doctrine que vous. Certes, tous ne sont pas également coupables, mais on a confondu à dessein, en un même procès, la cause des fidèles et celle des séditieux. Je vous conjure donc, par ces flammes que nous sommes forcés de voir s'allumer tous les jours, de prendre pitié de nous et de faire votre possible pour éloigner cette épée de Damoclès, qui menace notre tête. »[1]

Si des courtisans, des diplomates fondaient encore quelque espoir sur les tractations en cours, sur un débat public, en un mot sur de simples possibilités exposées à tous les aléas de la faiblesse royale ou de l'intrigue autour de lui, en revanche les théologiens, moins habitués aux atermoiements, commençaient à désespérer de la situation. A la date du 28 mars, Bullinger écrivait à Bucer : « Vous n'ignorez pas ce

---

1. Herminjard, III, pp. 271

que le roi de France a écrit aux princes allemands. On soupçonne Guillaume du Bellay d'être l'auteur de cette apologie. Mais ce qui met le comble à l'impudence, à la perversité souverainement indigne de la majesté royale, c'est que ce Prince a publié en français un édit par lequel il proscrit nommément les Luthériens. Une copie de cette pièce a été communiquée à nos seigneurs pour leur faire toucher du doigt cette contradiction infâme et mensongère. L'apologie latine, il l'envoie aux princes allemands ; l'édit français, aux ennemis de notre religion, et voilà comment il chevauche sur deux selles. »[1]

Le 23 juin encore, François Ier invitera officiellement Mélanchton à se rendre dans son royaume. Mais, d'une part, la Sorbonne décline à cette date une discussion publique et contradictoire, et de l'autre, l'électeur de Saxe refuse à Mélanchton le congé de se rendre à Paris.

Dès le mois de mars, c'est-à-dire à l'époque où Sturm et Bullinger correspondent, le premier, avec l'illusion tenace d'un diplomate qui ne veut pas s'avouer vaincu ; le second, avec ce sens des réalités qui caractérise les Réformateurs, en mars, à peine arrivé à Bâle et mis au courant de la situation dans le cercle des réfugiés où il fréquente, Calvin a pris son parti. Il publiera son *Institution chrétienne*. Il la fera précéder d'une *Épître au roi*.

Myconius, le pasteur de Bâle, était lié avec les Réformateurs d'Allemagne. Calvin a-t-il, par son entremise, eu connaissance de la lettre que Sturm adressait, le

1. *Opera*, III, p. xix.

10 mars, à Bucer et à Mélanchton? A défaut du texte même, en a-t-il connu les grandes lignes, l'esprit, ce mélange d'inquiétude en face de la persécution déchaînée et de confiance persistante dans le roi mieux informé?

Qu'on se rappelle certains passages de la lettre en question. « Tout cela me fait espérer que ce n'est pas tant la volonté du roi que *l'effet du rapport calomnieux qu'on lui fait* qui met les fidèles en de tels dangers. » Et encore : « Je crois que *le roi serait disposé à faire une distinction entre les séditieux et ceux qui ne professent point la doctrine reçue relativement à l'Eucharistie.* » Et enfin, car il faut se borner ici : « *On a confondu à dessein, en un même procès, la cause des fidèles et celle des séditieux.*

Qu'on lise ensuite, ou qu'on relise la préface. Il y a, entre les deux textes, un air de parenté et comme de famille. Calvin en appelle du roi circonvenu au roi mieux informé : c'est, peut-on dire, le prétexte à sa dédicace. Ensuite, il porte tout son effort à laver ses correligionnaires du reproche précisément de sédition contre l'État, de rébellion contre le prince, et, à ces vaines accusations, il oppose, en un exposé bref et substantiel, la véritable raison de l'hostilité des théologiens contre les Réformés, la haine aveugle de l'Évangile.

Qu'il ait connu ou non la lettre de Sturm à Bucer, et les dispositions qu'elle révélait chez François Ier, il faut convenir que la préface, telle que Calvin l'a réalisée, s'adaptait merveilleusement aux exigences de la situation.

Après cela, il est assez superflu de se demander si,

en l'écrivant, Calvin espérait éclairer et toucher le roi. Bèze semble avoir conservé sur ce point des illusions : « Si le roi l'avait lue, ou je me trompe fort, ou un grand coup eût été porté à cette prostituée de Babylone... Hélas! il ne connut pas [cette préface] ; encore moins la lut-il. » Et, parce qu'il faut à cet échec une explication, Bèze, en bon théologien, la demande à une finalité mystérieuse : « Ni les péchés du peuple de France, ni ceux du roi lui-même ne le permirent, car la colère de Dieu menaçait déjà le pays... »[1]

A la vérité, l'auteur s'adressait moins au roi de France qu'à l'opinion publique, en particulier aux Allemands, auprès de qui il voulait battre en brèche le *Mémoire* de du Bellay. C'est ce que les savants éditeurs des *Opera* ont judicieusement répondu aux historiens qui soutenaient l'existence d'une première version française de la préface, sous le prétexte que François Ier ne pouvait entendre le latin. Le roi qui se piquait de protéger les lettres et les arts, ne pouvait qu'être flatté de se voir adresser une préface en latin. N'avait-il point, pour la lui traduire, s'il la voulait entendre, ses secrétaires, ses aumôniers, ses poètes, tout ce qu'il y avait, autour de lui, d'humanistes érudits, lettrés, amateurs de beau langage cicéronien? Mais Calvin ne pouvait se flatter que le Roi se rendît à ses raisons, si auparavant il n'avait gagné à sa cause, à la cause de la Réforme injustement et odieusement persécutée, ce qui constituait l'opinion publique d'alors, le monde des lettrés, des théologiens, des humanistes, — et cela, non seulement en France, mais dans tous

---

1. *Opera*, XXI, p. 125

les pays où les idées nouvelles avaient levé et promettaient des moissons.

Il s'est expliqué, d'ailleurs, sur ce point, avec sa netteté habituelle. Et nous sommes, avec cette déclaration, en pleine préface, aux premières lignes, d'un rythme oratoire déjà si sûr, d'un nombre à la fois si plein et si harmonieux.

« Au commencement que je m'appliquay à escrire ce présent livre, je ne pensoye à rien moins, o tresnoble Roy, que d'escrire choses qui fussent présentées à ta Majesté. Seulement mon propos estoit d'enseigner quelques rudimens : par lesquels ceux qui seroient touchés d'aucune affection de Dieu feussent instruictz à vraie piété... Mais voyant que la fureur d'aucuns iniques s'estoit tant élevée en ton royaume qu'elle n'avait laissé lieu aucun à toute saine doctrine, il m'a semblé estre expédient, de faire servir ce présent livre tant d'instruction à ceux que premièrement [d'abord] j'avoye deliberé d'enseigner : que aussi de confession de Foy envers toy ».

Calvin n'ignore pas que le roi est circonvenu, trompé, trahi :

« Bien scay-je de quels horribles raportz ilz ont rempli tes aurailles et ton cœur, pour te rendre notre cause fort odieuse. Mais tu as à reputer selon ta clémence et mansuétude, qu'il ne resteroit innocence aucune n'en dictz n'en faictz [ni en... ni en] s'il suffisait d'accuser. »

Cet appel à la conscience du roi, seul responsable, en fin de compte, devant lui-même et devant Dieu, d'une persécution aussi cruelle qu'injustifiée, est en même temps une protestation contre la situation de fait que la faiblesse de François Ier a laissé se créer :

« Certainement, si quelqu'un, pour esmouvoir hayne à
l'encontre de ceste doctrine, de laquelle je veux m'efforcer
de te rendre raison, vient à arguer qu'elle est desja con-
damnée par un commun consentement de tous estatz, qu'elle
a receu en jugement plusieurs sentences contre elle : il ne
dira autre chose sinon qu'en partie elle a esté violentement
abbatue, par la puissance et conjuration des adversaires ;
en partie malitieusement opprimée par leurs mensonges,
tromperies, calumnies et trahison. »

Contre cette situation de fait, il proteste avec énergie :

« C'est force et violence, que cruelles sentences soient
prononcées à l'encontre d'icelle devant qu'elle ait esté
deffendue. C'est fraude et trahison, que sans cause elle
est notée de sédition et de maléfice. »

Que reproche-t-on à la doctrine incriminée ? Qu'elle
est « nouvelle » ; qu'elle ne s'appuie sur aucun miracle ;
qu'elle est contraire à l'enseignement des Pères ;
qu'elle bat en brèche la coutume, c'est-à-dire la
Tradition ; qu'elle condamne l'Église romaine ; enfin,
et c'était, on s'en souvient, le grief invoqué par François Ier, qu'elle engendre « des troubles et séditions. »
Ces accusations, qui couraient le monde des théologiens, des courtisans, des gens de lettres, ce sont les
seuls que l'auteur retiendra. Il néglige les « raports
horribles » qui sont « semez entre le populaire », les
légendes aussi ridicules que dénuées de fondement,
dont on trouve l'écho dans certains documents de
provenance catholique. Ce qu'il a retenu, il le discutera
autrement qu'on ne l'a fait jusqu'ici, non plus « confu-
sément, sans nul ordre de droit, et par une ardeur impé-

tueuse », mais « par une modération et gravité judi-
ciaire. » C'est bien un plaidoyer qu'il entreprend ici.

Pour ce qui est du reproche de nouveauté, il constitue une injure gratuite à la parole de Dieu. Elle est
éternelle, comme Dieu lui-même et comme Jésus-
Christ qui l'a apportée. Elle remonte aux apôtres.
Et si certains aujourd'hui la trouvent nouvelle, c'est
qu'ils ne l'ont jamais connue.

Il en est de même du reproche d'incertitude. La
parole de Dieu porte avec soi sa garantie, la preuve de
son authenticité, et les Réformés sont disposés, pour
leur part, à attester de leur sang la divine origine de
cette parole.

Quant aux miracles, c'est « déraison » d'en réclamer.
« Nous ne forgeons point quelque nouveau Évangile »,
déclare Calvin. L'heure des miracles est passée, depuis
longtemps. Au reste, le miracle n'a jamais converti
les âmes de mauvaise foi, et l'on sait, par ailleurs, que
Satan lui-même peut abuser les âmes par des pro-
diges.

L'autorité des Pères qu'on invoque contre la Réforme
ne saurait être retenue ici. Calvin, avec une abondance
de citations qui témoignent de sa science patriotique,
établit que les plus célèbres des Pères de l'Église ont
souhaité la réforme et ont travaillé à la réaliser de leur
temps.

« Ce serait, continue Calvin, une grande iniquité si
nous estions contraintz de céder à la coustume. »

Il y a, en effet, coutume et coutume, tradition et
tradition. Quand la tradition, ou la coutume consacre
la pratique du bien, elles méritent de trouver crédit,

de faire loi. Mais si elles perpétuent des erreurs, ou des abus, elles doivent être inlassablement dénoncées et abolies impitoyablement.

Sur le chapitre de l'Église, l'auteur pose une distinction qui sera reprise, durant tout le siècle, par les théologiens et les apologistes de la Réforme :

« Premierement, ilz [les Papistes] requierent tousjours une forme d'Église visible et apparente. Secondement, ils constituent icelle forme au siège de l'Eglise romaine et en l'état des Prelatz. Nous, au contraire, affirmons que l'Eglise peut consister sans apparence visible. » Ce qui fait « l'admiration » des catholiques provoque au contraire le scandale chez les Réformés. De ce que ces derniers protestent contre l'Église romaine et ses scandales, il ne s'ensuit pas qu'ils méconnaissent la véritable Eglise du Christ, qui a pour marque « la pure prédication de la parolle de Dieu, et l'administration des sacremens bien instituée. »

Enfin, si la prédication de l'Évangile a entraîné des troubles et des séditions, celles-ci sont l'œuvre de Satan. Loin de rien prouver contre les Réformés, le fait atteste au contraire la vérité des doctrines qu'ils défendent. Satan ne laisse jamais se produire la vérité, sans lui livrer des assauts. D'ailleurs quel est le prophète, sous l'ancienne Loi, qui n'ait pas été accusé de semer le trouble ? Jésus-Christ lui-même n'a-t-il pas été déclaré séditieux ? N'était-il pas, au surplus, « la pierre d'offense et de scandale ? »

Mais ce que ne peut exprimer une sèche analyse comme celle qu'on vient de lire, c'est le mouvement qui porte d'argument en argument la pensée de l'auteur ; c'en est la langue savoureuse, tour à tour d'une familiarité parfois déconcertante, et d'une élévation, à laquelle on essaie en vain de résister ; c'en est enfin le parfum biblique qui, grâce aux citations enchâssées dans le texte, évoquent à l'imagination du lecteur, le *Vieil* et le *Nouveau Testament*, appelés en témoignage devant le trône du roi :

Mais je retourne à Toy, o Roy Tresmagnagime. »

Tu as la venimeuse iniquité de nos calumniateurs exposée par assez de parolles : à fin que tu n'enclines pas trop l'aureille, pour adjouter foy à leurs rapportz. Et mesme je doubte [je me demande si] que je n'aye esté trop long : veu que ceste preface a quasi la grandeur d'une deffense entiere. Combien que par icelle, je n'aye pretendu composer une deffense, mais seulement adoulcir ton cœur, pour donner audience à nostre cause. Lequel tien cœur, combien qu'il soit à present destourné et aliené de nous, j'adjouste mesme enflambé ; toutesfois j'espère que nous pourrons regaigner sa grâce, s'il te plaît, une fois, hors d'indignation et courroux, lire ceste nostre confession, laquelle nous voulons estre pour deffense envers ta Majesté.

Mais si, au contraire, les detractions des malveuillants empeschent tellement tes aureilles que les accusés n'ayent aucun lieu de se deffendre. D'autre part, si ces impetueuses furies, sans que tu y mettes ordre, exercent tousjours cruauté par prisons, fouëtz, gehennes, coupeures, breusleures : nous certes comme brebis dévouées à la boucherie, serons jettez en toute extremité. Tellement neantmoins, qu'en notre patience nous posséderonz nos âmes, et attendrons la main forte du Seigneur : laquelle, sans doubte, se monstrera en saison [en son temps], et apparoistra armée, tant pour delivrer les povres de leur affliction, que pour punir les contempteurs.

Le Seigneur Roy des Roys veuille establir ton Throsne en justice et ton Siège en équité, Tresfort et Trésillustre Roy.

Littérairement parlant, cette préface est un chef-d'œuvre d'exposition logique, de conviction ardente, de courage audacieux. La rédaction latine, sur laquelle est calquée, ou peu s'en faut, la traduction que Calvin en a donnée en 1541, offre un mouvement oratoire qui annonce l'éloquence du siècle suivant, dense, nombreuse, allant d'une démarche sereine vers sa fin. La péroraison atteint au pathétique le plus sûr par les moyens les plus simples, l'opposition des deux alternatives : le succès de la doctrine nouvelle, grâce à la protection royale, ou la persécution endurée « dans la patience » et dans la confiance en Dieu.

Mais, du seul point de vue historique, la préface a une valeur au moins égale. Autant qu'un appel à la justice du roi, elle constitue une apologie des idées nouvelles, un plaidoyer dont on a pu dire avec raison que l'*Institution Chrétienne* est « la pièce justificative »[1]. A cette date, s'il n'y a pas encore, en France, un manuel, ou un catéchisme, qui résume, à l'usage des fidèles, la foi réformée, — l'*Institution* va l'apporter aux croyants, — nul encore, à notre connaissance, soit dans les discussions publiques qui sont alors en honneur, soit dans les interrogatoires devant les docteurs, à la Faculté de Théologie, ou en face des juges, au Parlement, nul, en vérité, n'a élevé le débat comme le fait ici Calvin. Par exemple, nul n'a osé situer sur le plan de l'histoire de l'Église le mouvement qui s'ébauche, un peu partout, sur le territoire. A Meaux, à Nérac, à Ferrare, la Réforme se développe en marge de la religion officielle, modestement, timidement.

1. A. Bossard, *Calvin*, p. 46.

Elle ne prétend qu'à s'accroître là où elle s'est produite, sinon sans prosélytisme, car la ferveur est de soi contagieuse, du moins sans ambition de conquête violente, sans vues d'impérialisme. On est tenté d'écrire qu'elle ne demande que d'être tolérée.

Avec la préface de l'*Institution*, — la préface latine de 1536, — tout est changé. Ce n'est plus une tolérance que sollicite, sous la plume de Calvin, la Réforme naissante. Elle exige sa reconnaissance publique, au titre imprescriptible de la vérité éternelle, transmise de Dieu aux hommes par les Prophètes et par Jésus-Christ. Elle rejette, en même temps, l'Église officielle, en vertu du droit absolu que possède la vérité de combattre l'erreur et de l'exterminer. Cette doctrine, encore sommaire, qui occupe les quatre premiers chapitres de l'ouvrage, l'auteur, dans l'*Épitre au roi*, la fonde en raison historique. Il nie délibérément qu'elle soit nouvelle, qu'elle prête à équivoque, qu'elle contredise à l'enseignement des Pères ou à la notion de l'Église, authentiquement issue de la parole de Jésus. Elle est au contraire la doctrine même du Christ. Sans doute, durant des siècles ceux qui représentaient officiellement l'Église, séduisant la grande majorité des fidèles, en ont méconnu le véritable esprit, celui de l'Évangile Mais l'heure est venue de la restituer dans sa vérité et dans sa pureté Ce qui n'était, dans les sermons des prédicateurs, dans les déclarations des confesseurs, qu'une aspiration fervente vers un christianisme plus intérieur, plus détaché des observances rituelles, devient ici la proclamation solennelle que l'Église romaine a corrompu l'idéal évangélique et que l'Évangile restauré réalisera seul la véritable Église de Jésus-Christ.

La Réforme a trouvé, dans la préface au Roi, son apologie, comme elle trouve, dans l'*Institution Chrétienne*, sa théologie, comme elle trouvera, quelques années plus tard, à Genève, sa législation.

VI

L'ÉDITION LATINE DE 1536

En mars 1536, l'ouvrage de Calvin paraissait sous ce titre : CHRISTIA | NAE RELIGIONIS INSTI | *tutio, totam fere pietatis fumma, & quic* | *quid est in doctrina salutis cognitu ne=* | *cessarium, complectens : omnibus pie=* | *tatis studiosis lectu dignissi=* | *mum opus, ac* re | *cens edi=* | *tum.=*PRAEFATIO AD CHRI | *stia-*nissimum REGEM FRANCIAE, *quà* | *hic ei liber pro con-*fessione | *fidei* | *offertur* ||]OANNE CALVINO | *Noviodu-*nensi *auctore* || BASILEAE | M. D. XXXVI.

On peut le traduire ainsi : *Institution de la Religion chrétienne, contenant à peu près la somme de la piété et tout ce qu'il est nécessaire de connaître dans la doctrine du salut. Cet ouvrage se recommande tout à fait à ceux qui aiment la piété. Il vient de paraître. Préface au très chrétien roi de France, où ce livre lui est présenté comme une confession de foi. Par Jean Calvin, de Noyon. Bâle,* 1536.

L'ouvrage comportait 520 pages, à raison de 24 lignes par page. Il portait, à la dernière, le nom des impri-meurs Thomas Platter et Balthasar Lasius, et la Minerve casquée, qui était la marque de la maison.

Calvin, par réaction sans doute contre le sous-titre ambitieux qui était, comme on l'a vu, le fait de ses éditeurs, a pris soin, dans un passage de la seconde édition, de restreindre la portée et la valeur de son travail :

« Comme je ne m'attendais nullement, écrit-il, au succès que Dieu, dans sa bonté, a accordé à la première édition de cet ouvrage, je n'avais pas apporté beaucoup de soin dans la rédaction de la plupart de ses parties, ainsi que cela arrive ordinairement quand il s'agit d'écrits de peu d'importance. »

Faisons également, dans cette déclaration, la part de la modestie : Calvin, à mesure qu'il développe par le dedans son *Institution*, qu'il l'organise en vue de l'enseignement théologique, se rend un compte plus exact de ce qu'il a fait, dans la première rédaction.

Il paraît établi aujourd'hui que c'est sous l'influence du petit *Catéchisme*, de Luther, qu'il a écrit l'*Institution*. On en tient la preuve dans ce fait qu'arrivé à Genève, à la fin de 1536, et sollicité d'écrire pour ses coreligionnaires français dans cette ville un catéchisme, il n'a eu qu'à résumer, qu'à prendre la quintessence de son ouvrage. Un bon juge, M. Abel Lefranc [1], y voit « une sorte d'adaptation française du premier texte de l'*Institution*. » Le *Catéchisme* français parut à Genève, en 1537. On le savait par Calvin lui-même et par quelques-uns de ses correspondants. Mais l'édition en avait complètement dis-

1. *Institution Chrétienne*. Éd. Lefranc, Châtelain, Pannier, p. 14.

parù : ce n'est qu'en 1878 qu'on en a retrouvé un exemplaire et qu'on l'a réimprimé sous ce titre : *Petit catéchisme français, de Calvin, publié à Genève en 1537, réimprimé pour la première fois d'après un exemplaire nouvellement retrouvé et suivi de la plus ancienne confession de foi de l'Église de Genève, avec deux notices,* par Albert Rillet et Théophile Dufour. Or, ces deux érudits ont démontré que, si l'*Instruction et confession de foi* dont on usa dans l'Église de Genève paraissent bâties sur le *Catéchisme* de Luther, c'est qu'en définitive l'*Institution* elle-même, celle de 1536 au moins, avait déjà adopté ce plan, et que, dans l'*Instruction,* Calvin s'est astreint à la suivre pas à pas. Il n'y a vraiment qu'une particularité qui, dans l'un et l'autre ouvrage, soit propre à Calvin, qui ne doive par conséquent rien à Luther, c'est la fin, qui, dans l'*Instruction* comme dans l'*Institution,* a pour objet l'Église et l'État, les rapports qu'ils doivent soutenir entre eux. Cette conclusion mise à part, Calvin, dans l'*Institution,* s'est seulement inspiré du *Catéchisme* de Luther, de l'esprit qui avait présidé à sa composition, de l'ordre dans lequel y étaient présentées les vérités essentielles de la religion. Dans l'*Instruction,* il abrège, parfois même il traduit textuellement l'*Institution.*

On trouve, dans la rédaction de 1536, l'ordre traditionnellement adopté dans l'Église pour l'initiation religieuse de l'enfant, la suite des questions, à la fois simples et essentielles, que tout jeune chrétien devait apprendre par cœur avant d'être admis à la pratique des sacrements.

Ainsi, les quatre premiers chapitres sont consacrés à la Loi, à la Foi, à la Prière, aux Sacrements. Il n'est pas nécessaire d'être théologien pour se rendre compte immédiatement que, sous ces quatre chefs, tout le système de la foi chrétienne tel que l'avaient fixé des siècles de spéculation pure et de pratique religieuse, se rangeait, en traits nécessairement un peu gros mais de nature à frapper, pour la suite de son existence, l'imagination du catéchumène.

C'est aux dix commandements, empruntés de l'antique Décalogue, que Calvin demande la Loi. Émanée de Dieu lui-même, forte de son antiquité, elle s'oppose, à ce double titre, à ce que telle ou telle forme de l'autorité ecclésiastique, la Papauté, les Conciles, tel ou tel Père de l'Église, ont pu dans la suite présenter à l'obéissance des fidèles.

Pareillement, le symbole des Apôtres exprime, en sa pureté et en son intégrité, la foi chrétienne. Si la Loi est sortie de la bouche de Dieu au Sinaï, la foi a pour garantie l'Esprit parlant aux disciples immédiats du Christ, quand, après sa mort et sa résurrection, il sont allés enseigner les nations.

Comme les commandements résument la Loi, et le Symbole des Apôtres, la foi, l'oraison enseignée par Jésus-Christ à ses disciples (Lorsque vous prierez, vous direz...) résume admirablement la prière chrétienne, à la fois dans son esprit, dans son objet, dans sa signification. La primauté des préoccupations d'ordre spirituel sur les besoins strictement matériels s'atteste dans cette formule, tout ensemble naïve et substantielle, qui demeurera le centre de la liturgie calviniste.

Enfin, sous la rubrique des sacrements, l'auteur expose les rites et la signification du Baptême et de la Sainte-Cène. Ce sont là, on le sait, les seuls sacrements que la foi réformée ait, dès qu'elle a pris conscience de soi, retenus et proposés à la pratique de ses fidèles ; le premier, parce qu'il introduit le chrétien dans la société de l'Église ; le second, parce qu'il l'y maintient en contact, par la communion du pain et du vin, avec le Christ, toujours vivant, toujours présent en esprit parmi les siens.

Là vraisemblablement s'arrêtait, dans la pensée de Calvin, l'exposé que, depuis longtemps, il rêvait d'écrire pour l'édification des âmes attirées à la Réforme. Ainsi compris et limité, son *Catéchisme* embrassait tout ce qu'il était nécessaire de croire et de pratiquer pour être sauvé. Le dessein catéchistique y dominait, à l'exclusion de toute autre préoccupation : il n'était pas question d'exposer, en regard de la saine doctrine, les erreurs, les pratiques liturgiques, qu'ici ou là, avaient créées, au cours des siècles, la superstition, le blasphème, l'idolâtrie, dans l'Église catholique.

Cependant la première *Institution* se continue par deux chapitres ; le cinquième qui traitait des faux sacrements ; le sixième et dernier qui avait pour objet la liberté chrétienne, le pouvoir ecclésiastique et l'administration civile. L'un est nettement polémique, puisque, abandonnant l'exposition objective de ce qui constitue la doctrine réformée, l'auteur y passe à l'attaque directe de la doctrine orthodoxe, touchant les cinq autres sacrements traditionnellement enseignés et distribués dans l'Église romaine. L'autre chapitre, sans viser proprement à la polémique, expose la conception calviniste relative aux rapports de l'Église et de l'État dans une société qui s'inspirerait de l'Évangile, et, s'il n'attaque pas à proprement parler le principe qui soumettait la conscience individuelle à la foi du prince, *cujus regio, ejus relligio*, il pose en revanche la nécessité pour le prince de respecter la liberté de la foi et de la pratique chrétiennes selon les règles éternelles posées par l'Évangile.

Il n'est pas malaisé de voir d'où vient cette excroissance. L'intervention de François Ier auprès des princes protestants, en même temps qu'elle l'a décidé à laver ses correligionnaires du reproche de sédition, lui a dicté ces pages où, non content de se défendre, il attaque. Ce chapitre des faux sacrements, il n'y a pas de doute qu'il est une réplique, sinon une riposte, à la condamnation par la Faculté de Théologie des fameux Placards de 1534 ; qu'il confirme du point de vue doctrinal la négation de la messe et de la présence matérielle du Christ sous l'hostie, qui s'étalait crûment dans ces Placards ; qu'il étend cette négation hardie, résolue, à la confirmation, à la confession, à l'ordre, à l'extrême-onction. Quant au chapitre de la liberté chrétienne, il contient la protestation de la conscience calviniste contre la tyrannie du roi en matière de religion ; il distingue de la sédition, dont François Ier accuse les Réformés, la nécessité pour une âme évangélique de préférer sa foi à toute chose, ici-bas.

Il est permis de conjecturer que, si le *Mémoire* n'était pas venu provoquer l'indignation de la conscience réformée, l'*Institution* se serait réduite aux quatre premiers chapitres, c'est-à-dire à un exposé sobre, un peu squelettique, des idées et des sentiments à quoi se ramenait la foi nouvelle.

Désormais, c'est dans l'*Institution*, celle de 1536, celle aussi de 1539 et dans sa traduction française de 1541, que les Réformés français iront puiser la substance mystérieuse dont ils vivent, et si d'aventure, au cours de leurs interrogatoires, devant le théologien ou le juge, ils mêlent à l'exposé souvent pathétique de leur foi des attaques contre la superstition, le blasphème, l'idolâtrie romaines, c'est encore à Calvin ou aux pasteurs nourris à l'*Institution* qu'ils emprunteront leurs traits.

Quand, après avoir lu aux procès-verbaux de la Faculté de Théologie les déclarations des confesseurs et des martyrs, on essaie de les grouper, pour en dégager l'essentiel, on s'aperçoit que leurs griefs se ramènent à trois chefs. Les Réformés reprochent au catholicisme romain dans son ensemble d'être, premièrement superstitieux, c'est-à-dire étranger à la pensée de Jésus, à ce qu'il a voulu laisser après lui ; en second lieu, blasphématoire, dans la mesure où, attribuant quelque mérite à l'homme, il méconnaît la valeur unique de la médiation du Christ ; enfin idolâtrique, en tant qu'il transporte, sur l'homme ou sur les saints que ce dernier invoque, les hommages d'adoration qui ne sont dus qu'à Jésus-Christ. [1]

Voilà pour la partie qu'on peut appeler polémique. Mais, si l'on envisage ce qu'ils déclarent croire, c'est, en somme, la supériorité du vieux décalogue sur les prescriptions de l'Église, jeûnes, abstinences, pèlerinages et processions ; c'est la supériorité de l'antique

1. Je m'excuse de renvoyer le lecteur à mon *Échec de la Réforme, en France, au XVIe siècle*. Chap. II. *Les desiderata des Réformés*, pp. 27.

symbole des Apôtres sur les croyances superstitieuses comme l'intercession des saints ou la présence matérielle du Christ sous l'hostie ; c'est encore la supériorité de la traditionnelle prière du Christ, rapportée authentiquement par l'Évangile, sur les dévotions nées du caprice, de la mode ou de l'esprit de lucre ; c'est enfin la supériorité du Baptême et de la Cène, institués l'un et l'autre par Jésus-Christ lui-même, sur des cérémonies que l'Église romaine a promues contre tout droit au rang des sacrements, par exemple la confession des péchés au prêtre ou l'ordination des clercs par l'évêque.

Cette religion un peu fruste, dégagée de tout ce qui s'y est ajoutée au cours des siècles, ramenée sévèrement à ce que l'Évangile présente comme l'enseignement authentique de Jésus-Christ, c'est la matière même, le « brief summaire des vérités chrétiennes » qu'on trouve dans la première *Institution* latine, de 1536.

Calvin l'enrichira peu à peu, à l'intention des gens de métier, des théologiens. Mais la foule, elle, s'en tiendra, durant tout le siècle, à ces formules simples, aux références dont on les appuie dans le *Vieil* ou le *Nouveau Testament*. Pareillement, le sermon chez les catholiques, le prêche chez les Réformés, et, dans les deux camps, le pamphlet, en latin ou en français, en vers ou en prose, s'en tiendront à ce formulaire un peu sec, à cet exposé abstrait des vérités de la foi, soit pour les défendre, soit pour les combattre.

C'est vraiment, pour les uns et les autres, un manuel, un catéchisme, à part et au-dessus des discussions exégétiques, historiques, philosophiques. Il affirme.

Il obtient l'adhésion de l'esprit et du cœur. Ou, au contraire, il se heurte à une négation de l'esprit, à une répugnance du cœur. Dans l'un et l'autre cas, il cristallise, dans les âmes, autour de la notion de foi, une attitude de faveur ou d'hostilité.

Le 12 mars 1537, juste un an après la publication de l'*Institution chrétienne*, Oporin, l'un des éditeurs de Calvin, lui écrivait à Strasbourg où il s'était retiré. Il lui annonçait l'envoi, par l'intermédiaire d'un de leurs amis communs, un certain Louis, de 12 exemplaires des *Opuscules*, qui venaient de paraître à la même imprimerie. Il lui offrait, en outre, de lui faire, comme on dit, le service de quelques « autres petits volumes sortis de ses presses. » Enfin, il lui signalait que du *Catéchisme*, ainsi qu'il l'appelle, mais en réalité de l'*Institution Chrétienne*, de 1536, il ne restait plus d'exemplaires, du moins à Bâle. Tout au plus, y en avait-il, à ce qu'on lui assurait, une cinquantaine à Francfort. On attendait donc une nouvelle édition, revue par l'auteur : *quando eum [librum] recognitum denuo editurus sit*. Bien entendu, Oporin offrait ses services à l'auteur. On verra, au chapitre suivant, que cette édition, à laquelle précisément travaillait Calvin, parut, non pas à Bâle, mais à Strasbourg.

VII

L'INSTITUTION CHRÉTIENNE DE 1539-1541

Aussitôt son livre publié, — *edito hoc libro*, écrit de Bèze dans sa biographie de 1576, — Calvin, voyageant en compagnie de son ami, Du Tillet, sous le pseudonyme de Charles d'Espeville, s'en fut à Ferrare visiter la duchesse Renée : c'est dans cette ville, où il séjourna deux mois environ, qu'il composa les deux opuscules adressés à Duchemin et à Roussel. Il passa ensuite à Bâle, et, tandis que son compagnon se dirigeait sur Genève, lui-même gagnait Paris, où il avait rendez-vous avec son frère Antoine.

Il songeait ensuite, à s'installer, pour y travailler, soit à Bâle, soit à Strasbourg, mais les routes de l'Est étaient couvertes de troupes, les hostilités s'étant rallumées entre François Ier et Charles-Quint. Il fit un détour par Genève, où il arrivait au mois de juillet 1536. Lui-même a raconté, dans la préface aux *Commentaires sur les Psaumes*, comment il fut retenu, malgré lui, dans cette ville :

« Là-dessus Farel, tout bruslant d'un zèle incroyable d'avancer l'*Evangile*, déploya toutes ses forces pour me retenir. Et comme il me voyait assez d'attachement pour mes études particulières, que je voulais continuer sans paraître [sans être en évidence], il en vint jusqu'à l'imprécation, afin que Dieu maudît ma vie retirée et mes loisirs, si je me tirais en arrière, ne voulant lui aider en une telle nécessité. L'effroi que j'en reçus, comme si j'eusse été frappé du ciel, me fit discontinuer mon voyage ; en telle sorte pourtant que, sachant bien quelle était ma timidité et mon humeur réservée, je ne m'engageai point à faire une certaine charge. »

On sait comment, devant l'hostilité d'une grande partie de la population, qui rechignait à sa discipline intransigeante, Calvin fut « contraint de quitter la ville » en 1534. Le décret de bannissement avait été pris le 23 avril. Calvin et Farel voyagèrent ensemble jusqu'à Bâle, d'où le premier se dirigea sur Strasbourg, le second sur Lausanne. Leur collègue, Coraud, qui avait partagé avec eux le poids de l'impopularité, s'en fut mourir à Orbe.

A Strasbourg, l'activité de Calvin est inlassable. Il contribue avec Bucer à l'organisation de la jeune Église ; il enseigne ; il prêche. Dans le même temps, il s'intéresse aux négociations de Francfort, de Haguenau, de Worms. Il connaît tous les soucis, ceux d'une santé délicate, qui l'arrête souvent, ceux d'un projet de mariage, qu'il réalisa en 1540. Et au milieu de ces traverses, il reprend son *Institution Chrétienne*. Il ne se contente pas d'une réédition ; il l'écrit à nouveau, comme s'il n'avait, dans le silence du cabinet, rien autre chose à songer ou à faire.

Cette seconde édition parut, à Strasbourg même, au mois d'août 1539.

En voici le titre exact. INSTITVTIO CHRI | STIA-

NÆ RELIGIONIS NUNC | *vere demum suo titulo res-*
pondens | *auctore Alcuino* | *cum indice locupletissimo* |
| *Habac : Quousque, Domine ?* |
| *Argentorati per Vuendelinum Ribelium* | *Mense*
Augusto | ANNO M. D. XXXIX.

On peut le traduire ainsi : *Institution de la Religion
chrétienne, répondant vraiment, cette fois, à son titre,
par Alcuin, avec un Index très abondant. Habac :
Jusques à quand ? Seigneur,* à Strasbourg, chez Wendelin Rihel, août 1539.

Signalons que, de cette édition latine, il existait deux
titres. Certains exemplaires portent *auctore Alcuino,*
par Alcuin, un des nombreux pseudonymes de l'auteur ; les autres, *auctore Calvino,* par Calvin. Il s'mble,
comme on le verra à propos de la condamnation de
l'ouvrage, que les premiers étaient destinés à la France
et que ce pesudonyme avait pour objet de détourner
l'attention de l'autorité ecclésiastique. [1]

Où, à quel moment, sous quelles influences et dans
quelle intention Calvin a-t-il entrepris cette seconde
édition? On a vu que, dès mars 1537, la première
Institution était, ou peu s'en fallait, épuisée. Rien
d'étonnant à ce que, ayant constaté l'heureuse diffusion
de son livre, l'auteur ait résolu de le rééditer, en le
remaniant, comme le lui conseillait Oporin.

Une lettre, en date du 1er octobre 1538, montre
Calvin au travail. Il habite alors Genève, menant de
front l'enseignement, la controverse avec les pasteurs
de Berne, l'organisation de l'Église génevoise et le
travail personnel :

1. E. Doumergue : *Jean Calvin* I, p. 564.

« Je suis très inquiet au sujet de mon *Catéchisme*, écrit-il à son ami Pignet. Le temps passe. Les copies que l'on m'a récemment envoyées sont détestables. Je suis ici forcé, mon frère, d'employer ta bienveillance pour que tu consacres ton temps, non à moi, mais à tous les hommes pieux [1]. »

Calvin espérait que l'ouvrage pourrait être exposé à la foire de printemps, à Francfort. Il faisait copier son manuscrit, au fur et à mesure qu'il le rédigeait, et ces copies étaient transmises à Winter, le beau-père et l'associé d'Oporin, à l'Ours noir. Malheureusement, plusieurs de ces copies laissent à désirer et durent être recommencées. Calvin charge Pignet de surveiller ce travail. En dépit de cette surveillance, le manuscrit ne put être remis à temps à l'imprimeur. Calvin le comprend. A la date du 5 janvier 1539, il écrit encore à Pignet :

« L'édition de mon ouvrage sera nécessairement différée, jusqu'à l'autre foire [celle d'automne 1539]. Telle est la bonne foi. Je continue à t'en prier. Continue à corriger soigneusement mon travail [2]. »

Et vers la fin de janvier, il écrit à Farel :

« Tandis que, tranquille, je pensais que l'impression de mon livre avançait, voici que mon frère me rapporte mon manuscrit tel que je l'avais envoyé. Il faut renvoyer à la prochaine foire [celle d'automne]. C'est l'amabilité dont me paie Robert [Winter], quoique personnellement je n'aie rien à déplorer ; comme je pensais toutefois que ce

1. Herminjard, V, p. 134, n. 8.
2. Herminjard, V, p. 211, n. 3.

serait utile au public, et comme il y avait la plus grande urgence, je ne puis pas ne pas être très troublé de ce que la joie et le désir de tant de gens de bien soient trompés par la morosité d'un seul. Je ne veux rien dire de plus sévère[1]. »

Le voilà donc rentré en possession de son manuscrit. Il cherche autour de soi, à Strasbourg même, un éditeur. Il le trouve en la personne de Wendelin Rihel. En avril, il est occupé de la correction des épreuves. Le 20, il écrit à Farel :

« Quand le messager a voulu emporter le commencement de mon livre, il m'a fallu relire vingt feuilles, c'est-à-dire 80 pages in-folio déjà imprimées[2]. »

L'ouvrage sortit, comme on l'a dit, en août. Le 4 octobre, Pignet lui écrit : « Je te félicite de l'heureuse édition de ton catéchisme. »[3]

Le nombre des chapitres, qui était de six dans la première édition, passait à dix-sept dans la nouvelle. Deux chapitres, consacrés à la connaissance de Dieu et de l'homme, ouvraient désormais le volume, si bien que le début de l'édition de 1536 se trouvait reporté au chapitre troisième : tout l'ouvrage s'éclairait ainsi de l'histoire de l'humanité dans son commerce avec Dieu depuis l'origine, créée par lui, se révoltant contre lui et conservant, jusque dans sa révolte, le respect de l'ancienne fidélité. D'autre part, Calvin précisait la notion de révélation ; il l'opposait à ce qu'on a

1. *Ibid.*, V. p. 227.
2. *Ibid.*, V. p. 287, n. 2.
3. *Ibid.*, VI. p. 37, n. 5.

appelé la théologie naturelle, la découverte de Dieu par les seuls moyens de la raison ; il la fondait sur l'Écriture, où l'Esprit Saint atteste au lecteur la vérité de la Parole. Surtout, il rattachait aux livres saints la double doctrine de l'élection et de la réprobation, qui deviendra, dans son système théologique, la pierre angulaire et aussi la pierre d'achoppement. Enfin, au dernier chapitre, il brossait un tableau émouvant de la vie intérieure du croyant, dégagé de la superstition romaine.

Le lecteur pourra constater, en quelque sorte matériellement, à l'appendice, par la simple juxtaposition de la table des matières dans les deux premières éditions, le développement intime, en profondeur, de l'*Institution Chrétienne*.

Il n'est pas malaisé de saisir sous quelles influences extérieures ou intérieures le texte s'enrichit ainsi et s'accroît. Si Calvin écrit, par exemple, le chapitre *De la similitude et différence du Vieil et du Nouveau Testament*, si, au lieu de quelques lignes sur le baptême des enfants, il institue une discussion en règle, c'est qu'à Genève, à Strasbourg, il a eu affaire avec des Anabaptistes, à discuter avec eux, à lutter contre leur influence. Et, par ailleurs, s'il insiste sur la Trinité, si, au lieu de cinq pages, il en consacre seize à cette matière, c'est qu'il a rencontré Caroli à Bâle, et Servet à Paris, qu'il a discuté avec eux et qu'il les tient désormais pour des adversaires irréductibles.

Mais, plus que des circonstances fortuites, plus que des impulsions du dehors, ce qui explique, à son insu peut-être, ce développement intérieur de l'*Institution*, c'est, chez Calvin, à la fois la culture théologique et profane dont peu à peu il se rend maître, et le décret mystérieux qui l'a destiné à organiser la Réforme dans les pays de langue française. Platon, Aristote, Cicéron, Sénèque, Saint Augustin, Origène, Pierre Lombard, toute la philosophie est à son service, et les Pères de l'Église, et la scolastique. Mais cette érudition, il ne la prise que dans la mesure où elle lui permet d'initier son lecteur, comme il dira dans l'avertissement de la traduction française, à la philosophie chrétienne.

De cette tendance à donner à sa pensée une forme systématique, on trouverait le témoignage dans l'épître à Sadolet, qui fut composée à Strasbourg, en août, et qui parut dans cette même ville, en septembre 1539. Cette réponse était en latin. L'auteur la traduisit lui-même et la publia, chez Michel Du Bois, l'année suivante : *Epistre de Jacques Sadolet, cardinal, envoyé au Sénat et au peuple de Genève, par laquelle il tascha les réduire soubs la puissance de l'Evesque de Rõmme. Avec la Response de Jehan Calvin, translatée du latin en français.* Imprimée à Genève par Michel Du Bois, 1540. Il y pose, avec une maîtrise qui n'est plus d'un catéchiste, mais d'un théologien, le problème essentiel, à cette date, de la véritable Église. A quels signes la reconnaîtra-t-on ? ou à quelles notes ? Étudiant successivement la doctrine, la discipline, les sacrements, puis les cérémonies, il établit que l'Église romaine n'est point, comme le prétend Sadolet, la véritable Église :

«Si tu veux recevoir une plus véritable définition de l'Église que la tienne, dis dorénavant que c'est l'assemblée de tous les saints, laquelle, étendue par tout le monde, [à travers], est dispersée en tous temps [siècles]. »

Sur ce terrain de la spéculation, ce n'est plus le simple fidèle que Calvin vise ici ; c'est le théologien de l'autre confession qu'il provoque, ce sont les Pères du Concile de Trente, c'est Bellarmin, et c'est, par-delà, les doctrinaires de la Contre-réformation, au XVIIe siècle. Il faudra, un jour ou l'autre, que ses adversaires le suivent sur ce terrain.

De l'édition latine de 1539, Calvin entreprit de donner une traduction française. Elle parut en 1541 non pas à Genève, chez Michel Du Bois, comme l'ont supposé les savants éditeurs des *Opera*, mais, d'après les conjectures fort ingénieuses de M. Pannier, à Strasbourg, chez Jean Girard, qui devait, dans la suite, publier quatre autres traductions françaises de l'*Institution*. L'ouvrage ne portait le nom ni du lieu ni de l'éditeur.

En voici le titre exact : INSTITV | TION DE LA RELI | GION CHRESTIENNE EN LA | *quelle est comprinse une somme de piété* | *& quasi tout ce qui est nécessaire à congnoi* | *stre en la doctrine de Salut* | *Composée en latin par* IEAN CALVIN, & | *translatée en français, par luymesme* | AVEC LA PRÉFACE ADDRES- | *sée au Treschrestien Roy de France, François* | *premier de ce nom : par laquelle ce present livre* | *luy est offert pour confession de Foy* | *Habac I.* IVSQVES A QVAND | SEIGNEVR? | M. D. XLI.

Les pièces préliminaires sont : 1º Un *Argument du présent livre*, qui remplace la préface du texte latin de 1539. 2º *L'Epistre au Roy*, avec cette inscription :

*A Treshault, Trespuissant, et Tresillustre Prince,
François Roy de France treschrétien, son Prince et
Souverain Seigneur, Iean Caluin, paix et salut en Dieu.*
A la fin, on lit : *De Basle, le vingttroysyesme d'aoust
mil cinq cent trente cinq.* 3e Un *Summaire et brief
recueil des principaux poinctz et chapistres contenuz
en ce present livre.*

Il existe une édition de l'*Epistre au Roy*, qui est
autre chose qu'un simple tirage à part. Il y a, en particulier, quelques modifications dans le texte. Bien
entendu, cette édition ne comporte ni l'*Argument*,
ni le *Summaire et brief recueil.*

Que Calvin ait songé à traduire son *Institution*,
rien d'étonnant. Il entrait dans les vues essentielles de
la Réforme, partout où elle s'est produite, d'introduire
le plus largement possible l'idiome national dans l'exercice du culte, dans la diffusion de la Bible et, plus généralement, de la littérature d'édification. Avant 1515,
Erasme avait déclaré que, si les théologiens écrivaient
ou parlaient en latin, c'était pour se donner, aux yeux
de la foule, l'importance d'oracles. Luther avait usé
de la langue allemande, soit dans son *Catéchisme*,
soit dans ses *Traités*. Chez nous, Le Fèvre d'Étaples,
Briçonnet, Caroli ; un peu plus tard, Farel, Berquin,
Olivétan s'étaient employés, soit à traduire des textes
de l'*Ancien* ou du *Nouveau Testament*, soit à écrire
directement en français des ouvrages de piété. Calvin
ne faisait que suivre leurs traces, quand, « désirant
de ce qui en pouvait venir de fruict [de son *Institution*]
à notre nation françoise », il la « translatait en notre
langue. »

Toutefois il avait sur ses devanciers la supériorité

d'une maîtrise dans la possession de son idiome maternel. Le *Pantagruel* est de 1532 ; le *Gargantua*, d 1536, qui sont les premiers témoignages décisifs du triomphe du français sur le latin. L'*Institution*, de 1541, n'est pas inférieure, il s'en faut, envisagée de ce seul point de vue, aux écrits de Rabelais. Un juge excellent l'a déclaré : « Grâce à sa valeur propre, l'*Institution*, écrite dans une langue si voisine de notre langue scientifique qu'elle semble avancer de cent ans sur la plupart des ouvrages contemporains, eut un immense retentissement, et il est hors de doute que la nécessité de répondre à Calvin et aux autres protestants dans un idiome qui fût, comme le leur, compris de tous, contribua puissamment à faire accepter le français, même des Théologiens catholiques. »[1]

A quel moment Calvin a-t-il entrepris cette traduction? On a répondu, dès 1536. Le 13 octobre, en effet, il écrivait de Lausanne à François Daniel, pour s'excuser du retard qu'il apportait à lui donner de ses nouvelles. Il avait songé à lui faire tenir une lettre par un marchand, qui se rendait à la foire de Lyon, du 4 au 19 août. Mais il en avait été empêché, d'abord par un voyage, puis par une indisposition :

« Ayant laissé passer cette occasion, déclara-t-il, j'avais certes assez de loisir pour écrire, et je n'avais absolument pas perdu tout moyen de te faire parvenir ma lettre. Toutefois, parce que, à mes moindres moments de loisir, je m'occupais à l'édition française de mon livre et parce que la réalisation s'en annonçait comme presque certaine, je préférais t'envoyer ma lettre accompagnée de ce livre [plutôt] que seule. »

1. F. Brunot, *Histoire de la langue*, II, pp. 14-15.

Il ne saurait s'agir, à cette date, 1536, de la traduction de la deuxième édition de l'*Institution*. Ne s'agirait-il pas tout simplement du *Catéchisme* français, qui parut en 1537, et qui, comme on l'a vu, était tantôt une traduction littérale, tantôt une adaptation assez libre de la première *Institution* ? Nous inclinons, pour notre part, à le croire. En tout cas, s'il s'agit ici de l'*Institution*, c'est de la première édition latine qui, par sa forme toute simple, par son but pratique, son style enfin, se prêtait en effet assez bien au dessein de vulgarisation que supposait une traduction en langue vulgaire. Calvin renonça à son projet, soit parce qu'à Genève il eut maille à partir avec les libertins, soit parce que, à la réflexion, la première rédaction de son ouvrage lui parut appeler un remaniement, soit probablement pour les deux raisons combinées.

Ce qu'il dit de la première édition dans l'avertissement de sa traduction française le prouve surabondamment. Il éprouva le besoin d'élargir le cadre de son livre, d'en étoffer la matière, de lui donner en un mot plus d'envergure et de portée. Il faut donc, en tout état de cause, situer ce travail de traduction entre avril 1539, époque à laquelle il achève la correction des épreuves de la seconde édition latine, et la fin de l'année 1540, attendu que la traduction parut en 1541 et demanda quelques mois pour l'impression. A moins que Calvin n'ait travaillé à cette traduction, au fur et à mesure qu'il recevait de l'imprimeur les feuilles de l'édition latine. Faute de documents précis, nous sommes réduits sur ce point à des conjectures. Et s'il est permis de faire remonter à 1536, l'intention où était Calvin de traduire en français son *Institution*, c'est à la condition d'admettre qu'ayant d'abord songé à traduire la première, il s'est décidé, dans la suite, pour les raisons qu'on a vues, à traduire la seconde.

De cette traduction il n'y a rien à dire sinon que « le texte français suit de très près et calque à beaucoup d'égards le texte latin, rendant l'original de 1539, phrase par phrase et avec une telle fidélité qu'il risque de devenir obscur en certains endroits pour le lecteur peu familiarisé avec la construction latine. » [1]

Pour le fond, il convient de signaler une intercalation heureuse, qui rétablit dans le traité la suite logique. Dans le texte latin, le chapitre *Des cinq autres cérémonies qu'on a faussement appelées sacrements* occupait le 16e rang, entre le chapitre du *Gouvernement civil*, et celui de la *Vie chrétienne*. La traduction française le place immédiatement après le douzième, qui traitait de la *Sainte Cène*. Cette disposition plus rationnelle passa dans les éditions postérieures :

ÉDITION 1339	ÉDITION 1541
X. Des sacrements.	X. Des sacrements.
XI. Du baptême.	XI. Du baptême.
XII. De la Cène du Seigneur.	XII. De la Cène du Seigneur.
XIII. De la liberté Chrétienne.	XIII. Des cinq autres cérémonies.
XIV. De la puissance ecclésiastique.	XIV. De la liberté chrétienne.
XV. Du gouvernement civil.	XV. De la puissance ecclésiastique.
XVI. Des cinq autres cérémonies.	XVI. Du gouvernement civil.
XVII. De la vie chrétienne.	XVII. De la vie chrétienne.

1. A. Lefranc, *Institution Chrétienne*, p. 18.

C'est sous cette forme que l'*Institution chrétienne* franchit la frontière et pénétra en France, plus que sous la forme latine de 1536. Sans doute, certains lettrés, à Bourges, à Orléans, à Paris, possédèrent leur exemplaire latin, celui de 1536, celui encore de 1539. Mais, dans les Églises qui se dressaient un peu partout sur le territoire, dans les familles qui constituaient ces Églises, ou ces paroisses, c'est sous la forme française de 1541 qu'elle se répandit rapidement.

Nous le savons par l'arrêt du Parlement qui, à la date du 1er juillet 1542, prononça l'interdiction et la suppression du texte latin et du texte français de l'*Institution*. Ce texte, publié pour la première fois en 1884, offre un intérêt documentaire sur l'impression et le commerce des livres, à cette époque. La Cour constate d'abord « qu'il s'est trouvé que sur tous livres, mesme de grammaire, dialectique, médecine, de droit civil et canon, et mesme en alphabetz qu'on imprime pour les petitz enfans, sont naturellement imprimez quelques postilles, prefaces, argumens ou epistres liminaires, contenans aulcunes erreurs de la secte luthérienne pour toujours plus publier leur maulvaise et damnée doctrine de ceulx qui sont de ceste secte luthérienne et en imbuer de jeunesse les enfans pour a jamais leur sentir desditz erreurs et y persévérer toute leur vie. »

Elle expose ensuite que « l'on apporte en ceste ville de Paris plusieurs livres imprimez en Allemaigne, Lyon ou ailleurs contenans doctrines erronees et blasphèmes contre la foy catholique. »

En conséquence, elle invite, sous peine des derniers châtiments, les détenteurs de livres « blasphématoires et hérettiques » à apporter au greffier criminel de la Cour « tous et chacun les livres qu'ilz ont devers eulx contenans aulcunes doctrines nouvelles, lutheriennes et aultres, contre la foy catholique et doctrine de notre saincte mère Eglise, et entre autres un Livre intitulé *Institutio religionis christianae authore Alcuino*, et en langage vulgaire, l'*Institution de la religion chrestienne* composée par Jehan Calvin. »[1]

Ainsi, l'*Institution* est la seule, parmi ces livres, « herettiques », qui soit expressément nommée. Le fait indique, à lui seul, quel retentissement eut, à cette date, la diffusion de ce livre, dans sa traduction française. Il devient, selon l'expression de M. Abel Lefranc, « le point de départ et le prétexte de toute une organisation minutieuse » contre la diffusion et la propagande des idées nouvelles.

Nous savons, grâce aux recherches de M. N. Weiss [2], le nom du colporteur qui réussit à introduire et à répandre en France les deux éditions latine et française de 1539 et de 1541. Il s'appelait Antoine Lenoir et venait de Genève, après avoir passé par Anvers. Un arrêt daté du 1er juillet, comme celui qui prohibait l'ouvrage, condamna Lenoir à faire amende honorable, devant le portail de Notre-Dame de Paris, puis en la ville de Saint-Quentin, « devant la principalle porte de la principalle église dudict lieu ». Saint-Quentin avait été choisie, entre autres villes, comme étant « la plus prochaine ville royale de l'issue de ce royaume, du côté d'Anvers » d'où arrivait l'accusé. Il fut, en

1. *Bulletin de l'Histoire du Protestantisme français*, 1884, pp. 15 et sq.
2. *Bulletin*, 1893, pp. 8 et sq.

outre, banni à perpétuité. Quant aux exemplaires saisis, latin ou français, ils furent, conformément aux termes de l'arrêt, brûlés au parvis Notre-Dame.

Et puisque l'occasion nous en est donnée, évoquons ces hardis colporteurs, qui ont joué un si grand rôle dans l'histoire de la Réforme Française. « Missionnaire d'un nouveau genre, le colporteur descend le cours du Rhin, en traversant Bâle, Strasbourg, Mayence, les sept Évêchés, toute cette grasse terre d'Allemagne où s'épanouissaient jadis les abbayes princières et les seigneuries épiscopales. Du côté de la France, il s'arrête d'abord à Lyon, première étape de la Réforme : de là, il rayonne sur le Charolais, la Bourgogne, la Champagne et jusqu'aux portes de Paris. Par la longue vallée du Rhône, il s'enfonce au cœur du Midi, dans les gorges des Cévennes, dans les murs de Nîmes ou de Montpellier. Infatigable à la marche, la balle au dos ou trottant sur les pas de son mulet, il s'introduit dans les châteaux, les hôtelleries et les chaumières, apôtre et marchand tout à la fois, vendant et expliquant la parole de Dieu, séduisant les ignorants comme les habiles par l'appât de gravures et des livres défendus. Il a remplacé le ménestrel et le jongleur du temps passé. Cette propagende clandestine eut un effet immense. »[1] La persécution systématique dont l'*Institution* fut l'objet explique que les exemplaires français soient aujourd'hui si rares. Au cours de l'enquête qu'ils ont menée, auprès de leurs collègues de France, pour recueillir les exemplaires dispersés de la traduction française de 1541, puis des traductions postérieures,

1. Lénient. *La satire au XVIe siècle*, I, p. 167.

les éditeurs des *Opera* se sont heurtés à d'insurmontables difficultés. « Nous avons réussi sans trop de peine à nous procurer la série complète de toutes les éditions latines, qui ont jamais paru, à deux ou trois exceptions près... Nous sommes très loin d'avoir été aussi heureux à l'égard des textes français. » [1]

Voici comment les savants auteurs expliquent le peu de résultats de leurs recherches : « Tout d'abord, il est probable que leur nombre n'a pas été très grand, même au moment du tirage, parce que, après tout, la vente n'en était assurée que dans la Suisse française, et les chances de faire entrer l'ouvrage dans l'intérieur du royaume étaient bien peu favorables avant 1561. A cette époque, la situation changea pour quelque temps. Aussi voyons-nous les réimpressions se succéder on ne peut plus rapidement, non seulement à Genève, mais probablement en France même. Mais généralement l'inquisition persécutrice du clergé catholique, et surtout des Jésuites réussirent à faire disparaître les exemplaires à mesure qu'ils se produisaient. Les familles huguenotes dans le sein desquelles l'*Institution* était, à côté de la Bible, le livre d'instruction par excellence, avaient toutes les peines du monde pour la soustraire à la confiscation ou à la destruction. On en arrachait le titre, comme c'est le cas pour bon nombre d'exemplaires qui se sont conservés jusqu'à nos jours ; on la cachait sous les toits, dans les écuries, partout où l'on pouvait la croire en sûreté. Un pasteur du Midi nous fit part de la découverte qu'il avait faite d'un vieil

_____

1. *Opera*,... III, p. xx.

exemplaire caché autrefois dans un poulailler et couvert d'une couche séculaire de guano. »

L'ardeur même que l'autorité civile et religieuse apporte à traquer l'*Institution*, dès qu'elle a été traduite, atteste la place de choix qu'elle a prise dans la vie des Réformés, à côté de la Bible elle-même, à qui elle sert d'introduction, ou, pour parler comme Calvin, de « clef et d'ouverture ». (Advertissement).

VIII

LA DIFFUSION DE
L'*INSTITUTION CHRÉTIENNE*

En dépit de l'interdiction et de la destruction, dont elle avait été l'objet, l'*Institution* va désormais se multiplier comme à plaisir, presque d'année en année, s'accroissant, s'enrichissant, atteignant enfin son objet qui est d'être une initiation à la théologie.

Il paraît, en 1543, une édition latine, qui est traduite en 1545 ; en 1550, une autre édition latine, qui est traduite en 1551 ; en 1553, une troisième édition latine, qui est traduite la même année ; en 1554, une quatrième édition latine, qui est aussitôt traduite.

Nous ne nous occuperons ici que des éditions françaises, puisqu'elles se conforment exactement, dans chacun des cas, à la version latine, et que le texte français nous permettra, aussi bien que le latin, de suivre, d'une édition à l'autre, le développement interne de l'ouvrage, en même temps que de constater sa diffusion rapide et triomphante dans les pays de langue française.

Voici comment se présentait l'édition française

de 1545 : INSTITVTION | DE LA RELIGION CHRES-
TIEN | NE : COMPOSEE EN LATIN PAR]EHAN CAL | *uin,
et translatée en François par luymesme : en laquelle est
| comprinse une somme de toute la Chrestienté.* | *Avec
la Préface adressée au Roy : par laquelle ce présent
Livre luy* | *est offert comme confession de Foy* |
[vignette de l'éditeur] *Habac. 1* | *Jusques à quand, Sei-
gneur?* | A GENEVE PAR IEHAN GIRARD | 1545.

|La vignette représentait l'épée dite flamboyante,
tenue par deux mains sortant des nuages, avec cette
devise à l'entour, des deux côtés et au-dessus. NON VENI
PACEM MITTERE SED GLADIVM. MATTH. X. | VENI IGNEM
MITTERE. LVC XII. *Je ne suis pas venu apporter la paix,
mais le glaive [la guerre].* Mathieu, X. *Je suis venu
apporter le feu.* Luc. 12.

Voici le relevé des pièces préliminaires :

1º Sur le verso du titre, on lit l'éloge de Calvin
par Jean Sturm, le recteur de l'école de Strasbourg
celui-là même qui, quelques années auparavant,
suivait avec tant d'émoi les négociations entre François Ier et Mélanchton. Voici le texte de cet éloge.

IEHAN STVRMIVS

« Jehan Calvin, c'est un homme d'un jugement qui
pénétre jusques au bout, et d'une doctrine admirable,
et d'une mémoire singulière : et lequel en ses Escritz,
c'est merveilles comment il parle de tout, et abon-
damment, et purement. Dont, son *Institution de la
Religion chrestienne,* en est un témoignage évident.
Laquelle une fois l'ayant mise en lumière (publiée),
puis après la enrichit, mais maintenant l'a rendue

toute parfaicte. Tellement que je ne sache nulles qui ait onc (jamais) plus parfaictement escrit, ny pour demonstrer la vraye Religion, ny pour corriger les mœurs, ny pour abattre les abus. Et quiconques auront atteint jusques aux poinctz des choses qu'il enseigne en ce livre-là, que telz croient hardiment, qu'il sont parfaictement establiz. »

Cette sorte d'éloge sur la couverture d'un livre était courante au XVIe siècle. Si les auteurs l'agréaient volontiers, les éditeurs et les libraires s'en servaient comme d'une réclame, à quoi l'on peut comparer aujourd'hui le *Vient de paraître* et l'aperçu, ou le jugement qui suit. Le seul exemplaire qui subsiste, en France, de l'édition de 1545 porte, au verso de la dernière feuille, cette mention qui est de 1562. *Ce presant livre est 'à moi, Jacques Quatremeaulx marchent Demeurant à Orellans (Orléans)*. Une main, de la même époque, a effacé le mot moi et a écrit, au-dessous, cette note : *fort huguenot, ministre du Diable et observateur de sa vollunté*.

2º L'*Argument du présent livre*, qui reproduit textuellement, à l'orthographe près, le texte des éditions précédentes .

3º L'*Epistre au Roy*, traduite, non sur le texte latin de 1543, qui comportait quelques modifications et quelques additions, mais sur celui de l'édition de 1539. Toutefois, ici, l'auteur emploie, pour s'adresser au roi, la forme *vous*, partout où précédemment il le tutoyait. Pareillement, toutes les formules emphatiques du protocole disparaissent devant cette simple appellation *Sire*.

4º *La somme des choses contenues en ce livre*, qui

traduit exactement la table des matières de l'édition latine de 1543.

Le texte comportait 21 chapitres, au lieu des 17 qu'on trouve dans l'édition latine de 1539 et sa traduction de 1541. La rédaction nouvelle s'enrichit sur certains points nouveaux et se développe sur les points déjà traités, de ce que Calvin, dans l'intervalle, a dû publier, soit pour exposer la doctrine, soit pour la défendre contre ses adversaires. Le chapitre IV traite pour la première fois *Des vœux*; le chapitre XIII, *Des traditions humaines*. Mais, par ailleurs, le chapitre III, *de la Loi*, s'est accru de *Considérations sur les images*; le chapitre IX, *De pénitence*, est augmenté d'une critique *des indulgences*; le chapitre VI, *Du Symbole des Apotres*, s'est enrichi du développement sur les Anges, les Diables Et ainsi de suite, c'est par le dedans, selon la méthode chère à Calvin, ici, à l'intérieur d'un même thème, les sacrements par exemple, traités en une fois, dans l'édition de 1541 et qui occupent, dans celle de 1545, cinq chapitres, les IX, XVI, XVII, XVIII, XIX ; là, dans la contexture même d'un chapitre, comme il arrive pour la Cène, au chapitre XVIII, qui traite, dans cette édition, non seulement de la Cène, mais aussi *de la Messe papistique*, et *de la prestrise et sacrifice des Chrestiens*.

La dernière feuille portait, outre l'*Achevé d'imprimer le dixiesme de fevrier mil cinq cent quarante-cinq*, un copieux *Indice des matières contenues sur ce Livre*.

Le même Gérard, dont le nom s'écrit parfois Girard, publia à Genève, en octobre 1551, une nouvelle édition, qui se présentait ainsi : INSTITVTION | *de la religion chre* | *stienne* : | COMPOSEE EN LATIN PAR | *Jean*

Caluin, et translatée en Françoys par luymesme, et | *puis de nouveau reveuë et augmentée : en laquelle est* | *comprinse une somme de toute la chrestienté.* | AVEC LA PREFACE ADRESSEE AV | *Roy : par laquelle ce présent livre luy est offert pour confession de Foy* | SEMBLABLE- MENT Y SONT ADIOVSTEES | *deux tables : l'une des passages de l'Escriture, que l'Autheur expose en ce* | *livre :* *l'autre des matière sprincipales contenues en iceluy.* | *vignette* | *Habac.I.* | *Jusques à quand, Seigneur?* | A GENEVE | PAR JEAN GERARD | M. D. LI.

La vignette et la légende sont les mêmes que dans la précédente édition. Pareillement, les pièces liminaires. L'*Epistre au Roy* y est datée, cette fois, de *Basle*, le premier jour d'*Aoust mil cinq cent trente-cinq.*

Le texte français reproduit le latin de 1550 ; mais il offre en plus, sur la résurrection de la chair, trois paragraphes qui ne se trouvent dans aucune édition latine et qui figureront, à la même place, dans les éditions françaises de 1553 et de 1554. Le nombre de chapitres est de 24, marquant un léger accroissement sur la précédente édition ; ils sont subdivisés en un certain nombre de paragraphes numérotés.

L'édition de 1551 comportait enfin deux appendices : 1° *Indice des lieux principaux de l'Escriture, lesquels l'autheur du présent livre a interpretez, ou simplement appliquez à son propos.* 2° *Indice second qui est des principales matières contenues dans ce livre.*

En 1553, toujours chez Jean Gérard, paraît une traduction de l'édition latine, publiée cette même année. Elle reproduit, tant sur le titre que dans le texte, la traduction de 1551 : il y manque seulement, aux pièces liminaires, l'éloge de Sturm. On y trouve un certain nombre de corrections de détail, et l'orthographe, en particulier, présente de notables différences avec celle des éditions précédentes.

Institution de la Religion | *chrestienne* : | COMPOSEE EN LATIN PAR IEAN | *Caluin et translatée en François par luymesme, et encores de* | *nouveau reveuë et augmentée : en laquelle est comprinse une* | *somme de toute la Chrestienté* | AVEC LA PREFACE ADDESSEE AV | *Roy, par laquelle ce présent livre luy est offert pour confession de Foy.* | SEMBLABLEMENT Y SONT ADIOV | *tées deux tables : l'une des passages de l'Escriture, que l'Autheur* | *expose en ce livre : l'autre des matières principales* con | *tenues en iceluy* | *vignette* | *Habac. I* | *Jusques à quand,* | *Seigneur?* | A GENEVE, PAR IEAN GERARD | M. D. LIII.

La légende, empruntée à Saint-Mathieu, est légèrement modifiée : *Non veni ut mitterem pacem in terram, sed gladium.* Je ne suis pas venu apporter la paix sur la terre, mais le glaive [la guerre].

Avec la traduction de 1554, se clôt le cycle ouvert par l'édition de 1539 et sa traduction de 1541. Elle traduit une version latine, publiée la même année. Cette traduction parut, non plus chez Gérard, mais chez Philibert Hamelin, à Genève, bien que ni le lieu de l'impression, ni le nom de l'imprimeur ne figurent sur le titre. Nous savons, en effet, par l'*Histoire des Martyrs*, que cet Hamelin était passé du sacerdoce à la Réforme et qu'il s'était « retiré à Genève pour prendre plus grande instruction ès sainctes Escritures. » « Tout son désir, continue notre auteur, estoit de servir au bien de l'Église du Seigneur, suyvant lequel [désir] il leva imprimerie en ladite ville pour publier livres

de la Saincte Escripture : en quoy se [com]porta fidèle-
ment. Et pour de tant plus profiter à ceux de sa nation,
il s'accoustuma de faire des voyages par [à travers]
la France et de subvenir à ceux qui estoient destinez
de viande et de nourriture à salut : non seulement
par livres qu'il faisait conduire, mais aussi par vive
voix de la prédication et explication de la vérité de
l'Évangile. »

Nous touchons ici, avec ce personnage, le secret de
la diffusion de l'*Institution* en France. Lentement, par
retouches successives, le livre s'est enrichi. Il embrasse,
à cette heure, aux environs de 1550, l'ensemble des
matières sur lesquelles porte la Réforme, ce que Calvin
et ses éditeurs appellent « une somme de la chrestienté »,
entendons, du christianisme. Qui veut, à cette époque,
s'initier à la pure doctrine, c'est ce livre qu'il consulte,
sous les formes multiples qu'il revêt, in-folio ou in-
octavo. C'est ce livre également qu'ensuite il répand
autour de soi, dans les familles, au même titre que
la Bible. Au besoin, le néophyte s'improvise imprimeur, libraire. Parfois, il ne recule pas devant l'entreprise dangereuse qui consiste à franchir la frontière,
dissimulant, parmi des merceries ou autres marchan-
dises, le ballot de livres précieux, à les distribuer, soit
dans les faubourgs où s'assemblent en secret les Réformés, soit dans les fermes isolées, en pleins champs,
dans la montagne, à les commenter enfin devant l'auditoire fervent des prêches ou dans le tête-à-tête d'une
conversation privée. Le plus souvent, il risque, à
cet apostolat, sa liberté, sa vie, ainsi qu'il advint à
Hamelin. Après avoir évangélisé la Saintonge, il fut
condamné par le Parlement de Bordeaux à être étran-

glé, puis brûlé, en avril de l'année 1557. Il laissait une veuve et deux orphelines.

De 1540 à 1550, c'est l'époque où se dressent, sur tout le territoire, les jeunes Églises. Le sang des martyrs est, à la lettre, une semence de chrétiens. Nous savons, par la correspondance de Calvin, que, d'année en année, tous ceux qui le peuvent se retirent à Genève. Le séjour en France est assimilé à la captivité de Babylone, et le Réformateur fait un devoir de conscience à tous les croyants de « se retirer en deçà. » Les réfugiés font souche, obtiennent le droit de bourgeoisie, constituent peu à peu une majorité qui assure l'autorité de Calvin contre les assauts des dissidents, de ceux qu'on appelle les libertins. M. du Tilly, Beaudoin, M. de Falais, Th. de Bèze, Charles de Jonvillers, le vicomte d'Aubeterre, le sieur Bouchard, la veuve de Budé et ses enfants viennent, entre beaucoup d'autres, s'établir à Genève.

Mais la plupart ne pouvaient pas prendre une aussi grave détermination. Certains se trouvaient retenus par d'impérieuses raisons de famille ; d'autres n'avaient ni les moyens matériels d'entreprendre un aussi long voyage, ni la perspective de pouvoir vivre à Genève. Ceux-là se groupaient autour des pasteurs improvisés, ou de ceux que Calvin leur envoyait, instruits à l'Académie et exaltés dans son commerce. C'est pour ces fidèles dispersés, c'est pour eux surtout que l'*Institution* prend valeur d'un livre capital. Ils n'ont point l'occasion d'entendre le Réformateur expliquer la Bible, prêcher les vertus chrétiennes, requérir, le doigt levé au ciel suivant une habitude que les peintres ont notée, contre Rome et les Papistes. Du moins, ils perçoivent, dans cette *Institution*, qui s'enrichit, d'année en année, de toutes les controverses de Calvin, un écho affaibli, certes, mais enfin un écho de sa parole, de ses exhortations, et aussi de ses consolations. [1]

Sans doute, il circulait de lui, sous le manteau, d'autres ouvrages. Il y avait, de 1537, le *Catéchisme français* ; toujours de la même année, les deux *Lettres* à Roussel et à Duchemin, où il établissait, à l'intention du premier, la nécessité d'éviter les cérémonies en usage chez les impies, et, à l'usage du second, l'obligation de refuser les fonctions ecclésiastiques dans la confession soumise au Pape ; de 1543, ce que nous appelons le *Traité des Reliques*, mais qui était un *Advertissement très utile du grand proffit qui reviendroit à la chrestienté si l'on faisoit inventaire des corps sainctz...* ; de la même année, le *Petit Traicté montrant* [ce] *que c'est que doibt faire un homme fidèle, quand il est entre les Papistes* ; de 1544, l'*Excuse à MM. les Nicodémites sur la complaincte qu'ilz font de sa trop grande rigueur.* Il y avait encore la *Réponse à Sadolet*, le *Traicté de la Saincte Cène* ; des écrits polémiques contre Castellion, contre Bolsec, contre Servet, contre Gentilis ; des *Commentaires* sur des livres de l'*Ancien* ou du *Nouveau Testament* ; une correspondance qui s'adressait tantôt aux particuliers, tantôt à certaines collectivités ; des sermons enfin que la piété de ses admirateurs résumait et répandait parmi les fidèles.

Mais tous ces ouvrages, quelle qu'en fût par ailleurs

---

1. *Opera.* La correspondance de Calvin occupe les tomes X, XI, XII. Voir aussi Calvin : *Lettres françaises.* Édit. Jules Bonnet. Voir enfin, dans mon édition du *Traité des Reliques*, l'appendice II, pp. 268 et sq.

la force de contagion, n'étaient, à tout prendre, que des ouvrages de circonstance, que des exposés partiels et fragmentaires. La jeune Église demandait davantage : elle avait besoin d'une *Somme*, d'une *Introduction* à la lecture de la Bible, source et garantie du salut. L'*Institution* répondait à ce besoin : de là vient la faveur qu'elle rencontra, non seulement auprès de ceux qui embrassaient le ministère pastoral, mais aussi auprès des plus humbles fidèles, dans les villes et dans les campagnes. Ainsi s'expliquent, de 1539 à 1554, ces éditions françaises, qu'on a signalées et qui se succèdent presque sans interruption. N'oublions pas que l'année 1559 verra, en France, une manière de concile, le synode de Paris, qui consacrera la doctrine enseignée et défendue, depuis vingt ans, par le Réformateur de Genève.

C'est à quoi songeait sans doute Calvin, à cette date. De santé délicate, épuisé par les travaux, les controverses, l'hostilité d'une partie de Genève, il envisageait sa disparition possible. Le sentiment des responsabilités qu'il avait assumées, plus encore que le souci d'assurer à son œuvre des lendemains tranquilles, l'occupait jusque dans ses insomnies. On l'imagine, tel que le représentent ses derniers portraits, la face amaigrie et presque décharnée, le profil dur, le nez aquilin, le menton proéminent terminé par une longue barbe en pointe, l'index levé au ciel. Il s'entretient avec ses familiers, avec de Bèze ou avec Colladon, de l'avenir incertain. Des nuages s'amoncellent à l'horizon de la politique, qui menacent de disperser, aux quatre vents du ciel, le troupeau si péniblement réuni autour du pasteur. Cet appel aux armes que rêve « la fougue inconsidérée de certains » — c'est sa propre expression — l'effraie plus qu'il ne le séduit. Peut-être a-t-il le pressentiment que le message spirituel de la Réforme sortira amoindri, souillé, de ces luttes sanglantes, sur les champs de bataille, dans une guerre fratricide.

Il entreprend alors une rédaction, qu'il sait, qu'il sent définitive, de son *Institution*. Ce sera l'édition latine de 1559, qui sera traduite en français, en 1560. De tous les essais qu'il a jusqu'à présent livrés au public, il va faire, selon son expression, un « livre nouveau ».

IX

L'INSTITUTION CHRÉTIENNE DE 1559-1560

Au mois d'août 1560, paraissait, à Genève, chez Jean Crespin, sous le signe d'une ancre en forme de croix avec un serpent autour, la traduction française d'une édition latine, publiée, l'année précédente, chez Robert Estienne.

En voici le titre exact : INSTITVTION | *de la Religion chrestienne* | NOVVELLEMENT MISE | *en quatre livres : et distinguée par chapitres,* | *en ordre et méthode bien propre :* | *Augmentée aussi de tel accroissement qu'on la peut* | *presque estimer un livre nouveau* | PAR JEAN CALVIN | *vignette de l'éditeur* | A GENEVE | CHEZ JEAN CRESPIN,—M.D.L.X.

Les feuillets liminaires contenaient : 1º au verso du titre, la préface traduite en français de la dernière rédaction latine, celle de 1559 : cette préface est signée *A Genève, ce premier jour d'avril M. D. LIX.* 2º l'Épistre au Roy, dont la finale comporte une légère variante : *Paix et salut en Nostre-Seigneur Iesus-Christ,* au lieu de *Paix et salut en Dieu.*

Le texte comportait, à cette heure, quatre livres, divisés en quatre-vingt chapitres. C'est ici le point extrême du développement de l'ouvrage, qui conservera désormais, dans les éditions successives, le même nombre de livres et de chapitres.

La dernière page porte cette mention : LOVANGE A DIEU, qu'on trouvera, à la même place, dans toutes les éditions, à partir de cette date.

Une *Table, ou brief sommaire des principales matières contenues en cette Institution...* est précédé de deux *Advertissements.*

Le premier est ainsi conçu : « L'imprimeur au lecteur. Ce livre a desja tant de fois esté rimprimé non seulement en latin, mais aussi en françois, qu'il est bien difficile à présumer que ceux qui l'ont un peu attentivement feuilleté pourroyent sans grande difficulté trouver les principaux poinctz de doctrine, chacun en son endroit, sans estre aydez de ceste Table. Et mesme l'Autheur en ceste dernière édition, la divisant en quatre livres ou parties principales, a puis après comprins chacune en plusieurs chapitres, et assez brief, et si clairement et familierement, qu'on se pourrait mieux que jamais passer de Table. Toutesfois pource que plusieurs ne se peuvent contenter d'un livre, s'il n'y en a une : j'ay bien voulu en cecy me conformer à l'usage commun, esperant que prendrez la chose en gré, et ferez tant mieux votre profit du livre, à l'honneur de Dieu et édification de son Eglise. Ainsi soit-il ! »

Suit un second *Advertissement au lecteur.* « Pource que la copie de l'*Institution* présente estoit difficile et fascheuse à suyvre à cause des additions escrites les unes en marge du livre, les autres en papier à part, il s'est peu faire, encore que nous y prinsions garde de

près, qu'il ne soit demeuré quelques fautes et omissions lesquelles vous excuserez et corrigerez ainsi. »
Rapprochons de ce texte la préface, en forme de lettre, que Colladon mit en tête d'une édition de l'*Institution* qu'il donna, en 1576 : « Comme celui-ci [Calvin] préparait la version française de son *Institution*, conformément à la nouvelle édition qu'il allait donner [celle de 1559], il dicta une foule de choses, tant à son frère Antoine qu'à un domestique faisant office de secrétaire ; il inséra aussi en maint endroit des pages arrachées d'un exemplaire français précédemment imprimé ; aussi lui fallut-il souvent donner ses papiers à relier, mais à la fin, il était absolument nécessaire que quelqu'un revisât l'ouvrage. En effet, il y avait eu, dans un très grand nombre de passages, des changements considérables ; les ratures et les additions embrouillaient d'un bout à l'autre le texte, le rendaient difficile à lire, souvent fautif, d'autant que des secrétaires ne saisissent pas toujours les mots qu'on leur dicte. Donc, à la prière d'Antoine, aux frais de qui l'édition française devait s'imprimer bientôt chez Jean Crespin,... j'ai revu tous ces brouillons latins et français, tels qu'ils étaient dans les papiers de l'auteur. Et je me suis chargé de les relire, corriger, collationner, afin de rendre le tout plus sûr, plus clair, plus facile, moins embrouillé pour l'impression. »[1]

Rappelons enfin ce que de Bèze a écrit de l'organisation du travail, chez Calvin : « Estant de si petite vie, il dormait aussi fort peu. Mais, pour cela, quelque lassitude qui s'ensuivît, il ne lassait pas d'estre tou-

1. *Opera*, I, p. XLI.

jours prest au travail et à l'exercice de sa charge ; car les jours que ce n'estoit pas à lui à prescher, estant au lit, il se faisoit apporter, dès les cinq ou six heures, afin de composer, ayant quelqu'un qui escrivait sous lui... Voilà comment il a dicté les matins la plupart de ses livres, estant en continuel et très heureux travail d'esprit. »[1]

Ces remarques, au premier abord anecdotiques, ont pourtant une importance de premier ordre, quand il s'agit de déterminer les circonstances dans lesquelles a été traduite l'*Institution* de 1559.

Se fondant sur cette règle, admise en critique, que la dernière édition publiée du vivant d'un auteur, revue et signée par lui, représente authentiquement sa pensée, son style, les savants éditeurs des *Opera Calvini* se décidèrent, en 1865, à prendre comme base de leur travail l'édition de 1560. « Parmi les éditions de la dernière recension, nous dûmes choisir la toute première, comme la seule qui pouvait encore passer, dans une certaine mesure, pour avoir été publiée sous les yeux même de Calvin, la plupart des autres n'étant positivement que des entreprises privées, nous dirions aujourd'hui des contrefaçons. Ainsi ce que nous offrons ici au lecteur, c'est l'édition de 1560, imprimée à Genève par Jean Crespin. »[2]

A la vérité, ils éprouvaient quelque hésitation, voire quelque scrupule. D'une confrontation à laquelle ils s'étaient livrés des différentes éditions françaises, ils avaient retenu que Calvin n'était pas l'auteur de toute la traduction de 1560. « Nous avons reconnu qu'on

1. *Opera*, XXI. Bèze : *Vie de Calvin*.
2. *Opera*, III

ne peut attribuer à l'auteur lui-même, avec une entière certitude, que la première rédaction du texte tel qu'il parut en 1541, peut-être encore le remaniement remarquable et tout exceptionnel des premiers chapitres de la dernière rédaction de 1560. En effet, il ne peut y avoir de doute à l'égard de la première édition puisque Calvin en fait la déclaration expresse à deux reprises, sur le titre et dans la préface... Il en est autrement de la dernière recension [celle de 1560], qui s'annonce elle-même (dans les exemplaires des deux langues) comme « augmentée de tel accroissement qu'on la peut presque estimer un livre nouveau ». A en juger par le commencement de ce texte définitif, il paraît que l'auteur a voulu donner lui-même une traduction entièrement refondue. Car ce commencement ne correspond avec aucune des traductions antérieures... Cet essai de traduction s'arrête au septième chapitre du premier livre. Tout le reste se compose de fragments de l'ancienne traduction, là où le texte latin est resté le même (quoique dans ces cas aussi il y ait des changements assez fréquents) et d'une traduction nouvelle des additions complémentaires qui forment presque la moitié du texte actuel. Or c'est cette partie très notable de la traduction [de 1560] que nous ne saurions attribuer à la plume de Calvin. Il est même peu probable qu'il ait seulement revu les épreuves. Car non seulement nous avons rencontré un grand nombre d'inexactitudes, d'omissions, d'additions oiseuses et embarrassantes, mais encore des passages où il est évident que le traducteur n'a pas même compris le texte latin. »

Et encore : « Il est de toute impossibilité que Calvin se soit rendu coupable d'une légèreté telle que nous l'avons rencontrée dans maint endroit de ce texte ; il est impossible de supposer que l'auteur ne se soit plus compris lui-même en traduisant, ou qu'il n'ait pas su exprimer en français ce qu'il avait écrit en latin... Ce sera donc un fait désormais établi que la traduction française de l'*Institution* [celle de 1560], dans sa forme définitive et reçue, en exceptant les parties conservées de l'ancienne rédaction, a été rédigée avec une certaine incurie, par des mains moins habiles et sans le contrôle de l'auteur. »

Cependant, sur la foi de cette édition en quelque sorte officielle, les critiques, les historiens de la littérature, les pédagogues aussi proposaient à l'admiration du public, ou des écoliers, le texte de 1560. C'est ce texte qui est réimprimé en 1887, à Genève, par Baumgartner. C'est à ce texte que les recueils de Morceaux choisis empruntent des extraits.

Or, en 1894, M. Lanson posait, dans la *Revue Historique*, le problème de ce qu'il appelait l'authenticité de la traduction française de 1560. Après avoir réduit le nombre des imperfections de ce texte, en les expliquant, soit par un maniement plus sûr du français chez Calvin, soit par la préoccupation, s'adressant à un public plus large, de commenter son texte au lieu de le traduire, l'auteur de l'étude en question ne niait pas que les éditeurs des *Opera* eussent dans l'ensemble vu juste. « Il reste cependant, écrivait-il, dans la traduction de 1560, assez de contresens, même de non-sens incontestables pour qu'on répugne à y voir l'œuvre de Calvin, qui eût été incapable de telles légèretés. »[1]

1. *Revue Historique*, LIV, 1894, p. 65.

A son tour, et s'éclairant des textes que l'on a cités plus haut, il essayait de déterminer dans quelle mesure le Réformateur avait participé à cette traduction. Et voici à quelle conclusion il aboutissait : « Quatre faits ressortent nettement : 1º Calvin a préparé lui-même le texte français de 1560 ; 2º il n'a pas écrit, mais dicté les additions ; 3º il a découpé lui-même ou fait découper sous ses yeux la version précédemment imprimée pour répartir chaque passage à sa nouvelle place ; 4º il n'a pas préparé le dernier état du manuscrit, l'état définitif sur lequel se fait l'impression : Colladon s'est chargé de ce soin. Un cinquième fait n'est pas affirmé, mais peut se conclure : il n'a pas revu les épreuves. Colladon ou Antoine Calvin ont dû s'en charger. »[1]

Représentons-nous Calvin, à cette heure. Il cède aux sollicitations de son entourage, en particulier de son frère, puisque c'est Antoine qui assume les frais de l'édition française. Il n'est point assez homme de lettres pour attacher du prix à l'illustration, qui s'attache à la publication d'un ouvrage comme celui-là ; mais il est trop soucieux du rôle qu'il a accepté dans l'orientation de la Réforme, pour ne pas se rendre à la prière qui lui est faite de donner à sa pensée religieuse toute la diffusion possible. Des âmes inquiètes, de vive voix ou par lettre, s'ouvrent à lui. Des Églises, un peu partout, sollicitent de lui l'enseignement authentique de la parole de Dieu. Il se rend aux instances d'Antoine. Mais sa santé chétive, ses occupations multiples, l'espèce d'exaltation religieuse où il vit, et, par

---

1. *Revue Historique*, LIV, 1894, p. 66.

suite, le détachement où il s'entretient par rapport à tout ce qui passe, ajoutons-y la facilité qu'il a, depuis vingt-cinq ans, acquise en traitant soit, par la plume, soit par la parole, ces thèmes à présent familiers pour lui, toutes ces raisons se combinent pour expliquer qu'il ait dirigé le travail plutôt qu'il ne l'a exécuté lui-même. On l'imagine fort bien, après une nuit d'insomnie, convoquant à son chevet un secrétaire, dictant la traduction d'un passage inédit, ou découpant sur une vieille édition telle page qui reparaîtra, inchangée, dans la nouvelle. Les préoccupations d'ordre littéraire ont cédé, à présent, la place au souci d'enseignement, d'édification, de prosélytisme. L'apôtre a tué le vieil homme, l'humaniste.

Nous arrivons ici au point de discrimination entre le point de vue strictement littéraire et celui de la propagande religieuse. Du premier, c'est évidemment l'*Institution chrétienne*, de 1541, qui est l'œuvre essentielle, le chef-d'œuvre. Là-dessus, nous le verrons, l'opinion de la critique n'a jamais varié. C'est vraiment « le premier traité de théologie écrit en français » à une date où notre prose ne pouvait revendiquer encore que les deux premiers livres du *Pantagruel*. Qu'il s'agisse de louer la logique, qui a réussi à enchâsser dans la trame de ces dix-sept chapitres tout ce qui était épars de la doctrine nouvelle, ou de célébrer cette langue savoureuse et robuste qui a pu porter la sève de ces idées et de ces sentiments, les uns et les autres nouveaux pour elles, il n'y a, du XVIe siècle à nos jours, qu'une voix, — encore que parfois l'admiration se soit égarée sur le texte de 1560. Celui de 1541, MM. Châtelain et Pannier en ont donné, sous la direction de M. Abel Lefranc, une excellente édition critique, en 1911, dans la bibliothèque de l'École des Hautes-Études.

Mais, du point de vue de l'histoire religieuse, c'est l'*Institution chrétienne*, de 1560, qui demeure l'œuvre définitive. Littérairement inférieure à celle de 1541, elle marque, du point de vue confessionnel, un progrès évident ; à vingt ans de distance, vingt ans de prière, de méditation, de lectures, de controverses, elle en est l'aboutissement normal. Ce qui n'avait été qu'un manuel, à la fois d'instruction et d'édification, pour l'humble fidèle de la première heure, est devenu une sorte de *Somme*, pour qui veut étudier l'Évangile, une espèce d'arsenal, pour qui veut la défendre.

Et, s'il est légitime à l'historien de la littérature de revendiquer l'édition de 1541 comme « le vrai texte, le seul dont il y ait lieu de tenir compte [1] », l'historien des idées est bien obligé de déclarer que, faute de l'édition de 1560, ni la théologie de Calvin ne nous serait aussi familière, ni le développement de l'Église réformée en France, aux environs de 1560, aussi intelligible.

Toute la matière de l'enseignement, écrit ou oral, et aussi toute l'expérience religieuse, individuelle ou collective, des Réformés s'est condensée dans ces quatre livres substantiels. Sans doute, le style en est « aisé, fluide, facile ». Il décèle, chez l'auteur et ses collaborateurs, l'habitude de traiter, la plume en main, dans les écrits didactiques ou la correspondance, et par la parole, en chaire ou dans la conversation, ces

1. *Revue Historique*, LIV, 1894, p. 67.

graves matières de théologie et de morale. L'expression sans nul doute en est énervée. Mais il n'en reste pas moins que tout ce qui touche à la foi est là, fortement systématisé à l'usage des théologiens et des fidèles. La révélation de Dieu, la médiation du Christ, la grâce distribuée aux âmes, les sacrements enfin par où elle se communique, tout est là, appuyé sur les déclarations de l'Écriture, sur l'enseignement des Pères, sur ce que la raison et l'expérience combinées attestent de l'homme, de sa misère, de son besoin de Dieu.

Ce qui manquait à la Réforme, jusque-là, en face de la confession romaine, c'était un livre où tout fût rassemblé, présenté dans sa force de cohésion. En quelque sorte négative, jusqu'à cette date, ou, si l'on préfère, dans l'opposition, la Réforme, avec l'*Institution chrétienne* de 1560, apparaît constructive, ou, si l'on aime mieux, positive, — doctrine contre doctrine, morale contre morale, liturgie contre liturgie.

Il suffira de citer, à présent, l'édition in-4° qui parut, à Genève, chez Conrad Badin, en avril 1561 ; l'édition in-8° qui parut à Genève, chez Jacques Bourgeois, également en 1561 ; une édition in-4°, sans nom de lieu et d'imprimeur, probablement réalisée en France et datée de 1562 ; une autre édition in-folio, également dépourvue de nom de lieu et d'éditeur, portant aussi la date de 1562 ; une troisième édition, pour l'année 1562, celle-là in-8°, imprimée à Genève, par Jacques Bourgeois ; l'édition in-4°, imprimée à Lyon, chez Sébastien Honorate, en 1563 ; enfin, l'édition in-8° due à Thomas Courteau, de Genève, en 1564, l'année où mourut Calvin.

Ces différentes éditions, qui se reproduisent textuellement les unes les autres, constituent le troisième groupe, ou la troisième famille. Elles sont dans la dépendance étroite de la traduction française de 1560. Si elles n'offrent aucun intérêt bibliographique, elles témoignent en revanche de la diffusion que rencontre, au lendemain du synode de Paris, l'*Institution chrétienne*, de Calvin. L'ouvrage est devenu proprement classique.

Au-dessous de la préface de l'édition française de 1560, on lit cette citation qui figurait, depuis 1543, dans les éditions latines : « *Je me confesse estre du rang de ceux qui escrivent en profitant, et qui profitent en escrivant.* » La citation est de saint Augustin, en l'*épistre* 7e. Aucune formule ne traduit plus heureusement le rapport qui existe entre l'expérience religieuse de Calvin et la forme qu'a revêtue successivement son *Institution chrétienne*. Le texte a suivi les vicissitudes d'une existence où la méditation des livres sacrés s'alliait à la controverse, à la polémique, à l'apostolat ; il a enregistré tout ce que la réflexion suggérait au théologien, tout ce que la discussion dictait à l'apologiste. A son tour, la physionomie intellectuelle et morale de Calvin s'éclaire dans ce livre qui est, sous sa forme volontairement objective, une autobiographie d'autant plus émouvante que l'auteur n'y sépare pas de sa cause celle des milliers de croyants, répandus, dispersés, traqués sur toute la surface du territoire. A mesure que l'*Institution* se développe, que les chapitres passent de 17 à 21, à 24, à 80, c'est, chez le Réformateur, la certitude, chaque jour croissante, qu'il a combattu le bon combat et qu'il détient, pour lui et pour les siens, la parole authentique de Jésus et la pure doctrine de l'Église. En un mot, l'*Institution* est consubstantielle à son auteur. La nécessité de la rédiger d'abord, de la parfaire ensuite l'a tenu en haleine pendant vingt-cinq ans. Les certitudes d'une foi qui trouvait ses martyrs ; les objections sans cesse renaissantes et, avec le temps, plus méthodiques, d'adversaires irréductibles, la nécessité d'une confrontation résolue, appuyée sur les textes de l'Écriture et sur les inspirations de l'Esprit-Saint, il y a versé tout cela, au fur et à mesure que les circonstances l'exigeaient.

Mais il n'est pas interdit de penser qu'aux heures de lassitude, dans l'âpreté des controverses, parmi les difficultés d'ordre ecclésiastique, devant la défection et parfois la trahison des amis — Du Tillet, Fallais, Bolsec, d'autres encore, — il s'est reporté à ce livre où il avait mis le meilleur de lui-même, sa pensée théologique et sa propre existence vouée sans arrière-pensée à un apostolat contesté, ingrat, exténuant. Nul doute que, dans ces veilles où le condamnaient d'incurables migraines, il n'ait d'instinct confié à l'avenir, comme un testament authentique, cette *Institution chrétienne*. C'était là, il le savait bien, que la postérité le jugerait, comme écrivain sans doute, mais comme homme et comme chrétien, comme pasteur d'hommes et de chrétiens.

X

LE MESSAGE RELIGIEUX DE L'*INSTITUTION CHRÉTIENNE*

Avec l'édition latine de 1559 et sa traduction de 1560, s'achève le développement de l'*Institution chrétienne*. Calvin meurt en 1564, et l'ouvrage désormais ne se modifiera plus.

Il est donc possible à présent d'en dégager le message religieux qui y est contenu. Ce message comporte la prédestination et la justification par la foi, qui constituent, l'une et l'autre, le fondement du dogme calviniste.

La doctrine catholique enseigne que l'homme, déchu certes de sa perfection primitive, conserve néanmoins assez de liberté pour que, la grâce l'éclairant et le fortifiant, il puisse opérer son salut, soit par ses propres œuvres, soit par l'application qui lui est faite des mérites des saints.

Calvin nie le libre-arbitre et lui oppose la prédestination. Il nie le mérite des œuvres, les bienfaits de l'intercession, et leur oppose la justification par la seule foi.

Ébauchée, sinon dans l'*Institution*, de 1536, du moins dans le *Catéchisme français*, de 1537, cette doctrine s'exprimai: déjà nettement dans l'édition de 1539, traduite en 1541. A cette date, le Réformateur est en pleine possession de son système, et il n'a guère fait qu'y ajouter, dans l'édition de 1543, surtout dans celle de 1560, quelques précisions de détail, qui n'ajoutent rien d'essentiel à la doctrine.

D'abord, l'homme n'opère pas son salut : il le reçoit gratuitement de Dieu. Quelles raisons Calvin oppose-t-il aux catholiques? Un fait, dit-il, domine le débat. La religion n'atteint pas son but chez tous les hommes : les uns sont sauvés ; les autres, damnés. Il s'opère une discrimination. Quelle en est la loi? Le mérite de l'homme? le caprice de Dieu?

« Il faut nous garder, écrit Calvin, de deux erreurs, car les uns font l'homme compagnon de Dieu pour ratifier l'élection en s'y accordant... Les autres suspendent [font dépendre] l'élection de la foy, comme s'il n'y avait pas de certitude ni de fermeté jusqu'à ce qu'on croie. »

En réalité, l'homme ne peut coopérer à son salut que le jour où, ayant entendu l'appel divin par le moyen de l'Évangile, il s'est résolu à y répondre. Il est d'abord élu ; il collabore ensuite à son salut.

En vain, les catholiques opposent-ils aux Réformés la prescience divine : « Les théologiens papistiques, écrit encore Calvin, ont une distinction entre eux, c'est à scavoir que Dieu n'eslit pas les hommes selon les œuvres qui sont en eux, mais qu'il eslit ceux qu'il prevoit estre fidèles... Ainsi, qu'il adopte ceux qu'il prevoit n'estre pas indignes de sa grâce. Quant à ceux qu'il congnoit être enclins à malice, il les laisse à leur condamnation. »

Calvin blâme cette explication, parce qu'elle suppose chez Dieu deux volontés, l'une « absolue » qui serait celle de sauver ou de perdre chacun de nous, l'autre « ordonnée » qui serait conditionnée par notre décision ultérieure.

Sa doctrine est nette. « L'alliance de vie [le salut] n'est pas également preschée à tout le monde, et mesme où elle est preschée, n'est pas également receue de tous. »

Qu'on s'en scandalise, si l'on veut. Tant pis! les preuves sont là : il y en a de deux sortes.

D'abord, le témoignage de l'Écriture. Que dit la Bible? Elle offre à la fois une doctrine et des exemples. La doctrine est dans saint Paul : repoussé des Juifs, il s'est tourné vers les païens et a enseigné que Dieu choisit qui bon lui semble. Des exemples. En premier lieu, le peuple juif : « Je demanderai pourquoi la lignée d'Abraham a été préférée entre toutes les nations, sinon par privilège... » Et, chez ce peuple d'élection, une personne, Jésus-Christ. « Voilà un homme mortel, conceu de la semence de David : par quelle vertu diront-ils qu'au ventre de sa mère il a mérité qu'il soit le chef des anges? »

D'ailleurs, la psychologie vient confirmer les affirmations de la Bible. Qu'est-ce que Dieu pourrait prévoir en nous? Rien que misère et pauvreté. « Il trouve cette misère-là en tous les hommes en général, mais il fait miséricorde à qui bon luy semble. » Livré à lui-même, l'homme ne saurait justifier son élection, à plus forte raison la mériter.

« Il faut conclure que c'est Dieu qui fait miséricorde, qu'il ne faut pas que les hommes s'élèvent pour ravir la gloire de Dieu, ni pour rien s'attribuer de leur salut. »

Du même coup, sont réfutées les deux « erreurs » que Calvin signalait plus haut. L'élection est antérieure à nos œuvres : Dieu n'en tient pas compte, parce qu'il les sait de nulle valeur. D'autre part, l'élection ne dépend pas de la connaissance de l'Évangile : elle la précède, elle la cause. C'est l'élection divine, qui nous vaut la foi. C'est parce que Dieu a choisi l'homme que celui-ci tressaille en lisant la Bible et s'y voit justifié.

Mais les réprouvés ? Dieu leur propose l'Évangile « en odeur de mort », c'est-à-dire avec l'intention de les damner. La raison proteste. « Je confesse, déclare Calvin, que Dieu endurcit ceux qu'il lui plaît, sans qu'on puisse lui demander pourquoi il le fait. » Comment peut-il y avoir culpabilité et responsabilité, quand on est privé de lumière et de force ? Calvin se retranche derrière un texte d'Osée (XIIIe) et, plus généralement, derrière la volonté de Dieu : « Quand on demande pourquoi Dieu a fait ainsi, il faut répondre : pour ce [parce] qu'il l'a voulu. Pourquoi l'a-t-il voulu ? C'est demander une chose plus haute et plus grande que la volonté de Dieu, ce qui ne peut se trouver. »

En réalité, comme l'a noté un historiographe de Calvin : « L'élection est éternelle, parce que Dieu est en dehors du temps. Elle est irrésistible, parce que rien ne peut s'opposer à la volonté de Dieu. » Ce sont, de la part de Calvin, des affirmations plus que des démonstrations, ou des explications.

Dans le système catholique, la foi comporte des vicissitudes. Plus ou moins vive, plus ou moins agissante, elle peut même s'étioler et mourir. Elle mène, selon les cas, au salut ou à la damnation, suivant l'usage qu'on en fait. C'est quelque chose d'essentiellement instable. C'est aussi une arme à deux tranchants.

Tout autre est la foi, dans le dogme calviniste. Elle est définitive, chez qui l'a une fois reçue : « La foi, déclare Calvin, n'est pas seulement baillée aux esleus, pour les introduire au bon chemin, mais pour les y faire continuer jusques au bout. » Dieu ne se dédit pas ; il ne revient pas sur son choix, parce que ce choix est éternel, antérieur à nos mérites, absolu, c'est-à-dire dégagé de toutes considérations humaines.

Cet état spirituel de l'âme justifiée par la foi peut se ramener à deux phénomènes principaux. Il comporte la certitude inébranlable du salut. Il implique d'incessants efforts pour réaliser en soi la perfection qu'on a entrevue dans le Christ.

« C'est faussement parler que | de dire que | l'élection commence d'avoir son efficace lorsque nous recevons l'Évangile, et qu'elle prend de là sa croissance. » L'adhésion de l'âme à la doctrine contenue dans l'Évangile n'est pas un point de départ; c'est une consécration. Elle n'est pas une cause ; c'est un effet. Elle nous est la preuve intime, personnelle, que nous sommes élus.

On objectait à Calvin : « Qui sera sûr d'être élu? Et quelle angoisse de se poser la question? » « Il y a, répond Calvin, il y a une autre vocation spéciale, de laquelle il | Dieu | ne fait participans que les fidèles

| ceux qu'il a élus |, quand, par la lumière intérieure de son Esprit, il fait que la doctrine soit enracinée dans leurs cœurs. »

Pratiquement, on se sait élu, au XVIe siècle, quand, à la lecture de la Bible, on a compris la corruption de Rome, quand on est prêt à souffrir persécution pour l'Évangile, et prêt, s'il le faut, à mourir. A partir de ce moment, en dépit des tentations, des erreurs, des faiblesses, c'est la paix qui suit la certitude.

Mais on fait à Calvin une objection : « Si c'est ainsi que Dieu ait esleu que bon luy semble, il ne faut donc pas que nous mettions peine à vivre sainctement : car l'élection de Dieu emporte tout. » Entendez qu'elle dispense de tout effort. Pourquoi s'abstiendrait-on de jouir de la vie, puisqu'on est élu et qu'on le sait? Ce serait naïf.

Ce serait grossier, réplique Calvin. « Ceux-là | qui raisonnent ainsi | ne sauraient donner un plus grand témoignage de leur réprobation. » Au contraire, les élus, ceux qui se savent justifiés, s'efforcent, après la notification en eux du décret divin, de réaliser la perfection de leur bienfaiteur ; ils tâchent, sinon de mériter, du moins de justifier la faveur que Dieu leur a faite par pure bonté. « Les fidèles, dit encore Calvin, n'ont pas de quoy s'en glorifier | de l'élection |, estant obligés au double de ce qu'ils ont été préférés. » D'ailleurs, cet élan n'est pas incompatible avec les défaillances d'une volonté corrompue par le péché. La foi n'entraîne ni l'atarraxie, ni par conséquent l'impeccabilité. Mais les chutès ne sont qu'une occasion de redoubler de courage, à prier et à faire effort.

La foi, dans le dogme calviniste, apparaît donc comme

un *état définitif* de l'âme, comportant par une contra-diction qui n'est qu'apparente la certitude du salut et l'effort incessant pour s'en rendre digne. Elle appa-raît, en second lieu, comme un *état complexe*, compre-nant sans doute l'adhésion à une doctrine mais surtout l'abandon généreux et complet de soi au Créateur. Elle est *confiance plus que croyance*. « C'est, au dire de Calvin, une ferm. et certaine connaissance de la bonne volonté de Dieu envers nous, laquelle, estant fondée sur la promesse gratuite donnée par Jésus-Christ, est révélée à notre entendement et scellée en notre cœur par le Saint-Esprit. »

Telle est l'originalité du message calviniste. Tandis que la doctrine catholique supposait, chez l'homme, la possibilité de mériter, soit par lui-même, soit par l'intercession des saints, la grâce du salut, Calvin, niant résolument la liberté humaine, remet aux mains de Dieu le salut du croyant.

Telle est la contribution de l'*Institution chrétienne* à l'histoire de la théologie en France, et à l'histoire du sentiment religieux, en Europe.

XI

L'*INSTITUTION CHRÉTIENNE*
ET LA CONTROVERSE CATHOLIQUE

L'*Institution chrétienne* a trouvé les théologiens catholiques littéralement désarmés. Ni l'*Anti-Calvin*, de Pierre Doré, docteur en Sorbonne, ni la *Déclaration d'aucuns athéismes de Calvin et de Bèze*, de Claude de Saintes, également théologien, ni le *Passavant parisien*, de Cathelan, ni l'*Affamé*, d'Artus Désiré, ni enfin du même auteur les *Grandes chroniques et annales de Passe-partout, avec l'origine de Jean Covin, faussement surnommé Calvin*, aucun de ces pamphlets ne réussit, je ne dis pas à tenir en échec l'*Institution*, mais seulement des ouvrages de moindre envergure, comme le *Traité des reliques*, ou l'*Excuse à Messieurs les Nicodémites*.

Ils s'échelonnent de 1555 à 1563. Le premier est encore écrit en latin. Ce trait est significatif, comme l'est la dédicace de Cl. de Saintes à Charles IX. « Sire, je crains qu'on ne trouve mauvais que j'aie recherché la doctrine des calvinistes... et que je l'aie mise en français et proposée au peuple, qui pour la plupart n'est [pas] capable de telles difficultés. » Le malheureux ignore que le débat a été institué devant les laïques et que, depuis plus de vingt ans, — depuis 1541, il l'a été en langue vulgaire, mettant les « difficultés » à la portée du fidèle le plus humble, comme on lui avait mis entre les mains le texte français de la Bible.

Est-ce à dire que les thèses, qui se sont exprimées dans l'œuvre abondante de Calvin, et en particulier dans l'*Institution*, n'aient pas rencontré, de la part de l'Église romaine, la contradiction, la réfutation qu'elles appelaient? Hormis l'arrêt du Parlement qui, en juillet 1542, la prohibait et la vouait aux flammes, on ne voit pas qu'elle ait fait l'objet d'aucune mesure officielle.

En y regardant d'un peu près, cependant, on enregistrerait, par exemple dans la controverse qui s'émut entre Sadolet et Calvin, ou encore dans la correspondance échangée entre Du Tillet et le Réformateur, une réaction très marquée, et très violente contre la notion d'Église, telle qu'elle se dégageait de l'enseignement de Calvin. L'un et l'autre, le cardinal Sadolet et le chanoine Du Tillet, ce dernier affranchi de l'influence du Réformateur, opposent à la société idéale qui ne rassemblerait que les prédestinés l'assemblée des chrétiens sous l'autorité de Rome [1].

Il faut en venir, pour enregistrer une réaction systématique, au concile de Trente, d'abord, puis à l'apologétique de Bellarmin.

Le concile œcuménique tint ses assises à Trente. Interrompu à deux reprises, il siégea une première

_____

1. Sur Du Tillet et la crise qui le détacha de la Réforme, lire, dans l'*Echec de la Réforme*, le chapitre I de la IIe partie.

fois, de 1545 à 1547 ; une deuxième, de 1551 à 1552 ; une troisième, de 1562 à 1563.

Tous les problèmes soulevés par Calvin dans les éditions successives de l'*Institution* recevaient une solution définitive. Celui de l'Écriture, d'abord, source et garantie de l'enseignement dans l'Église. A la date du 8 avril 1556, un premier décret publiait la liste des ouvrages canoniques telle qu'on les trouve dans la *Vulgate*. Un second décret déclarait que « dans les choses de foi et de morale, on ne pouvait les interpréter [ces livres] que conformément à l'enseignement de l'Église et même au sentiment unanime des Pères. » C'était admettre, au même titre que la Bible, l'enseignement postérieur de la Tradition ecclésiastique. Celui de la justification par la foi, ensuite. A la date du 15 janvier 1547, le concile, ayant consacré sa cinquième session au péché originel, à sa nature, à ses suites dans l'homme, proclama le mérite de l'activité humaine « attendu que le libre-arbitre n'a pu être détruit ». Il est permis à l'homme de compter sur l'intercession des saints : ce fut l'objet de la vingt-cinquième session, les 3 et 4 décembre 1563. Les sacrements retinrent plus longuement l'attention des Pères. La septième session (3 mars 1547) fut consacrée aux sacrements en général, au baptême et à la confirmation. La treizième (11 octobre 1551), à l'Eucharistie sous la seule espèce du pain. La quatorzième (25 novembre 1551), à la Pénitence et à l'Extrême-Onction. La vingt-troisième (15 juillet 1563) à l'Ordre. La suivante (11 novembre 1553), au Mariage. Entre temps, le sacrifice de la messe, la communion sous les deux espèces, le baptême des enfants, la prière pour les morts, les indulgences faisaient l'objet de discussions dans les commissions et de déclarations au cours des sessions publiques.

A vrai dire, le concile n'entreprenait pas de discuter avec l'hérétique. L'heure était passée des débats contradictoires. A cette date, l'Église faisait, pour ainsi dire, le point de sa doctrine. Elle la recueillait au sein des commissions, d'après l'Écriture et la Tradition. Elle la proclamait, en séance solennelle, sous la double forme du canon et de l'anathème. Le premier formulait la vérité à croire ; le second condamnait l'erreur qui s'y opposait.

Parallèlement, le concile prenait un certain nombre de décrets d'ordre disciplinaire. Les uns réglaient l'édition des livres saints ; certains déterminaient les conditions requises pour l'enseignement de la théologie et pour la prédication de la doctrine ; d'autres visaient le choix des prélats, leurs devoirs, leurs droits, le recrutement et la formation du clergé ; d'autres enfin concernaient les réguliers, hommes et femmes, et réglementaient dans les moindres détails la vie des communautés dans les couvents et dans les cloîtres.

Ainsi, forte de son passé, assurée de l'avenir qui lui était promis par le Christ, l'Église catholique ne condescendait point à une discussion qu'elle estimait aussi injurieuse qu'inutile, — inutile, parce qu'elle se savait en possession du message de Jésus, et injurieuse, parce que cette discussion eût semblé remettre en question l'autorité de son Fondateur. Elle renouvelait, à la face du monde, dans des assises solennelles, par la voix de ses théologiens, de ses évêques, du Pape, l'assurance qu'elle était bien la suite authentique de l'Évangile.

La discussion devait se produire, quelques années plus tard, sous la plume savante de Bellarmin. C'est en 1588 que parurent ses *Disputationes de controversis fidei adversus hujus temporis hæreticos*, études relatives aux controverses touchant les matières de foi, et diri-gées contre les hérétiques de notre temps. L'auteur y résumait l'enseignement théologique qu'il avait donné successivement à Louvain, de 1570 à 1577, puis au Collège romain, à partir de 1578. Il ne s'agit plus ici de définition solennelle, comme en avait promulgué le Concile de Trente, de 1545 à 1563. Sans doute le théologien admet, *a priori*, et avant tout exposé, avant toute discussion, que le dogme enseigné par l'Église est d'origine divine, qu'il porte avec soi la garantie de son origine, qu'il ne saurait être nié ni simplement diminué ou défiguré. Mais, sans méconnaître le carac-tère surnaturel des vérités doctrinales, le controversiste entreprenait d'en justifier les titres aux yeux, sinon des incroyants, du moins des hérétiques et des schis-matiques. Il voulait, en quelque sorte, les fonder en raison. A l'exemple de saint Thomas, dont il avait commenté la *Somme* à Louvain et à Rome, Bellarmin établit que les grandes thèses théologiques, l'existence de Dieu, la divinité de Jésus-Christ, la mission de l'Église, pour prendre entre autres exemples ces trois-là, s'appuient sur l'Écriture d'abord, sur le témoignage de la Tradition, ensuite, et que, par ailleurs, elles ne sont pas en contradiction avec ce que la raison, éclairée des lumières de la foi, peut accepter, dans l'ordre spirituel, d'une autorité qui tient de Dieu sa mission.

Tout ce que la Réforme avait, depuis près d'un siècle, battu en brèche dans l'Église romaine, le dogme, la morale, la liturgie, la discipline intérieure, les relations avec le pouvoir temporel, Bellarmin le justifie, ou du moins prétend le justifier. Nous sommes loin, à cette heure, des condamnations un peu sommaires de la Faculté de Théologie, ou des railleries trop faciles des pamphlétaires. Il s'agit, sous la plume de Bellarmin, d'un exposé rationnel, didactique, fondé, comme l'attaque elle-même des dissidents, sur une connaissance approfondie de l'Écriture, de la Tradition, de la philosophie.

Les meilleurs apologistes de la Réforme, Martin Chemnitz, Jean Gerhard, Chamier, sentirent la nécessité de répondre au redoutable Jésuite, et de défendre contre sa dialectique subtile les grandes thèses qui constituaient, abstraction faite des qualifications locales, luthérianisme, calvinisme, zwinglianisme, etc., l'ossature même de la Réforme : la prédestination, la justification par la foi, la négation des œuvres et de l'intercession des saints, celle des sacrements, des jeûnes, des pèlerinages, des indulgences, etc. Longtemps après la mort de Bellarmin, on composera encore, dans les milieux réformés, des manuels d'apologétique, qu'on appelle des *Antibellarmin*.

Ainsi, à la fin du XVIe siècle, par suite de sa diffusion, en Europe occidentale, en France, mais aussi en Italie, en Espagne [1], en Angleterre [2], l'*Institution*, sous ses deux formes latine et française, a vulgarisé les thèmes essentiels de la Réforme. Il n'est pas téméraire

---

1. En 1547, Cipriano traduit en espagnol l'*Institution* de 1560.
2. Dès 1552, quatre sermons de Calvin étaient traduits en anglais. Les œuvres latines du Réformateur étaient connues à la Cour d'Angleterre.

d'affirmer que, plus que les autres traités de Calvin ou de ses collaborateurs, c'est elle, cette *Institution*, devenue à présent un copieux volume, qui synthétise les aspirations d'où est sorti le mouvement réformiste, cinquante ans plus tôt, et qui exprime les points de vue par où le calvinisme s'oppose irréductiblement à l'orthodoxie de Rome. Et l'on peut dire également que tout ce que la controverse accumule pour ruiner la théologie calviniste, c'est contre l'*Institution chrétienne* qu'elle le dirige, parce que, à partir de 1560, la Réforme française a trouvé sa pleine et définitive expression dans l'*Institution*, publiée en latin chez Robert Estienne, et en français chez Jean Crespin.

XII

CE QU'IL RESTE AUJOURD'HUI DE L'*INSTITUTION CHRÉTIENNE*

L'ouvrage, dont on a évoqué, dans les chapitres précédents, la lente et laborieuse genèse, depuis le modeste manuel de 1536 jusqu'au copieux traité de 1560, demeure aujourd'hui à la fois un monument de l'histoire de notre littérature et un document de l'histoire des idées religieuses, dans notre pays, au XVIᵉ siècle.

Littérairement, cela ne fait pas de doute, et tous les critiques sont d'accord sur ce point, Brunetière, M. Lanson, M. Abel Lefranc, pour en choisir trois d'inspiration différente ; le premier, apologiste laïque du catholicisme ; le deuxième, nettement détaché de toute confession ; le troisième, protestant d'origine et, au surplus, historien de la jeunesse de Calvin.

« L'*Institution chrétienne*, écrit Brunetière, est un des grands livres de la prose française, et le premier en date dont on puisse dire que les proportions, l'ordonnance, l'architecture ont vraiment quelque chose de monumental.

« De même que Luther en traduisant la Bible, ainsi Calvin, en écrivant son *Institution chrétienne* en sa langue nationale, a établi, de lui à nous et à ceux qui viendront après nous, une communication, si je puis dire, et un contact qui ne s'interrompront qu'avec la durée de cette langue elle-même.

« En 1541, Rabelais n'ayant encore donné que les deux premiers livres de son *Pantagruel*, l'*Institution chrétienne*, par sa clarté, est donc le premier de nos livres qu'on puisse appeler classique. Elle l'est également, et bien plus que le roman de Rabelais, ou son poème, par la sévérité de la composition, par la manière dont la conception de l'ensemble y détermine la nature et le choix des éléments. Elle l'est, — par cette intention de convaincre ou d'agir, qui, comme elle en est la cause, en fait le mouvement intérieur, l'anime de son allure ou de son rythme oratoire. Elle l'est encore, — par la gravité soutenue d'un style, dont on a pu voir que la « tristesse » n'est pas le seul caractère [1]. »

A son tour, M. Lanson déclare : « Le texte français de l'*Institution chrétienne*, de Calvin, est, avec le livre de Rabelais, le plus grand monument de notre prose, dans la première moitié de notre XVIe siècle, et l'on peut dire qu'il faut descendre jusqu'à Pascal et Bossuet pour retrouver une aussi haute et sérieuse éloquence, appliquée aux matières de philosophie morale et religieuse. Si l'on songe de combien de facéties et de trivialités la pensée de Rabelais s'enveloppe, Calvin nous apparaîtra comme étant le premier, et le seul en son temps qui ait su rendre des idées graves dans une forme grave, sans une défaillance d'esprit ni de plume ; il est aussi celui qui donna un coup mortel à la théologie scolastique, en inaugurant une théologie nouvelle par

---

1. *Revue des Deux-Mondes*, 15 octobre 1900.

l'esprit et par la méthode autant que par le style, je
veux dire une théologie rationnelle et psychologique.
A ce titre, François de Sales, Pascal, Bossuet, Bour-
daloue procèdent de lui. »[1]

Enfin, M. Abel Lefranc, grâce à une distinction
entre les différentes époques du XVIe siècle littéraire,
a précisé davantage encore l'originalité, à cette date,
1541, de l'*Institution chrétienne*, traduite en français.
Il note, de 1530 à 1550, ce qu'il appelle « le premier
épanouissement de la Réforme. » Avec lui, nous saisis-
sons sur le vif ce qu'a été, dans la fermentation des
idées morales, religieuses, littéraires, l'apparition de
l'*Institution*. La page vaut la peine d'être citée, car elle
émane d'un spécialiste de notre histoire littéraire, à
cette date. « Une curiosité infinie embrase les esprits...
Entre 1530 et 1550, la marche en avant est marquée
surtout par un progrès décisif des études savantes et
de la philologie antique. François Ier fonde le Collège
de France, en 1530, pour encourager, en même temps
que la connaissance des langues classiques et orientales,
l'humanisme qui a définitivement conquis droit de cité
dans notre pays. Mais, dès ce moment, notons-le, la
Renaissance et la Réforme tendent à se séparer. Des
controverses s'ouvrent un peu partout qui passionnent
les esprits cultivés où les mettent aux prises avec les
défenseurs obstinés du passé. Cependant on voit
apparaître, en 1532, l'*Adolescence clémentine*, de Marot,
le premier poème de Marguerite d'Angoulême, et
le *Pantagruel*, de Rabelais, suivi bientôt de *Gargantua* ;
Calvin, en 1536, a publié le texte latin de son *Institution* ;

____
1. *Revue Historique*, LIV, 1894, p. 60.

en 1538, paraissent le *Cymbalum Mundi*, de des Périers et les *Commentaires*, de Dolet. En 1539, le roi promulgue l'édit de Villers-Cotterêt, si important pour le développement et la diffusion de la langue française. Un peu partout... des cénacles littéraires se forment, qui contribuent aux progrès du goût... C'est ainsi que le platonisme réapparaît avec Ramus, Héroët et plusieurs autres ; puis, quoique timidement, le rationalisme et toute une doctrine indépendante dont les traces se retrouvent dans plusieurs ouvrages ou documents, et que la lettre d'Antoine Fumée à Calvin, vers 1542, a si fortement caractérisée... En même temps, la vie de société commence à s'organiser sur de nouvelles bases. Dans tous les milieux mondains, le goût de la conversation fleurit : l'*Heptaméron* nous en offre de piquants modèles... A Lyon, une civilisation particulière s'épanouit, pénétrée de pétrarquisme et d'italianisme. Mais par contre, le christianisme perd du terrain : n'oublions pas que, dans l'abbaye de Thélème, il n'y a place ni pour une église, ni pour une chapelle. La pensée tend à se laïciser, à s'élargir. D'ailleurs, les Français, au lieu de rester attachés à leurs seules traditions, voyagent et s'inquiètent des mœurs étrangères... Le culte de l'antiquité se trouve ainsi favorisé par des causes multiples : les Français tendent à s'assimiler ses principes et à en pénétrer leur existence. Mais voici que devant ces menaces de paganisation, en face des platonisants, stoïciens, épicuriens, et « lucianistes », l'*Institution française* se dresse, engageant le combat contre la pensée antique et faisant éclater à tous les yeux le conflit qui existe entre le christianisme et la philosophie ; elle montre celle-ci s'insinuant dans toute la vie intellectuelle, sous couleur de littérature... L'œuvre française [de Calvin] s'insère donc, en 1541, au milieu d'une période de crise et d'organisation tout ensemble. A la faveur de la lutte, les théories vont, par nécessité, devenir plus précises... La doctrine esthétique va se fixer, cependant que la science poursuit ses conquêtes avec Fernel, Paré, Finé, Gilles, Rondelet, Belon, Ruel et Copernic. Quede conquêtes réalisées entre 1540 et 1550! On peut donc dire que l'*Institution* vient à son heure...»[1]

Une œuvre et un témoignage, voilà ce que demeure pour nous, à travers ses transformations progressives, l'*Institution chrétienne*, de Calvin.

Une œuvre, surtout dans l'édition française de 1541, qui est une réussite hardie pour l'époque. L'écrivain, sûr de l'intérêt qu'éveillera autour de lui la matière de son livre, n'hésite pas à calquer sur le latin périodique et oratoire une phrase française qui en épouse la contexture parfois déconcertante, qui en reproduit la subordination des idées accessoires à l'idée maîtresse, qui en traduit, à l'intention des Français du XVIᵉ siècle, l'allure, le rythme, le mouvement. Puis, dans ce moule, il fait entrer d'autorité une langue qui est un mélange savoureux d'archaïsmes et de créations, un effort incessamment renouvelé et le plus souvent heureux, pour donner aux idées, aux sentiments, leur expression dans notre idiome, jusque-là plus propre à la relation des faits qu'aux subtilités de la dialectique ou aux finesses de l'analyse.

Qu'on lise à haute voix ce paragraphe pris au hasard dans l'édition de 1541 :

---

1. *Institution Chrétienne.* Édit. Lefranc. Introd., pp. 24-25.

« Ce n'est pas sans cause, que par le proverbe ancien a toujours esté tant recommandée à l'homme la congnoissance de soymesme. Car si nous estimons, que ce soit honte d'ignorer les choses qui appartiennent à la vie humaine : la mescongnoissance de nous-mesmes est encores plus deshoneste, par laquelle il advient, qu'en prenant conseil de toutes choses nécessaires, nous nous abusons pauvrement et mesmes sommes du tout [absolument] aveuglez. Mais d'autant que ce commandement est plus utile, d'autant nous faut-il plus diligemment garder de l'entendre mal. Ce que nous voyons estre advenu à d'aucuns philosophes. Car quand ilz admonestent l'homme de se congnoistre, ilz l'ameinent quant et quant [en même temps] à ce but, de considérer sa dignité et excellence : et ne luy font rien contempler, sinon [ce] dont il se puisse se lever en vaine confiance, et s'enfler en orgueil. »[1]

Tout y est : la suite et le développement de l'idée maîtresse, à travers les circonstances accessoires qui en éclairent les différents aspects ; et aussi le vocabulaire, en beaucoup de cas voisin du nôtre, mais, là même où il s'en écarte, tout à fait suggestif, en sa gaucherie, de ce que l'écrivain a voulu évoquer à notre esprit. Il n'y a pas de comparaison possible, pour la fermeté de l'expression, ou pour la solidité de la structure entre ce qui s'écrit alors en français — exception faite de Rabelais — et ce qu'écrit, dans l'*Institution*, de 1541, Calvin aussi grand écrivain que grand théologien.

Non qu'il faille dédaigner absolument la traduction de 1561. A cette date, le Réformateur n'a plus, comme

____

1. *Institution Chrétienne.* Édit. Lefranc, p. 30.

vingt ans auparavant, le mérite, ou la gloire d'ouvrir un chemin à la prose française. Mieux affranchi du latin, et, dans la même mesure, plus familiarisé avec sa langue maternelle, il possède, en outre, pour l'avoir, durant toute cette période, parlé ou écrit, l'immense sujet de son *Institution chrétienne.* Il se prête avec complaisance à l'inspiration. Parfois même, il s'y abandonne. Ce qui est de Calvin, dans cette traduction, demeure néanmoins fort au-dessus de ce qu'il doit à ses collaborateurs d'occasion.

Mais si l'œuvre, en tant que telle, a perdu, à cette date, quelque chose de sa verdeur primitive, en revanche le témoignage qu'elle apporte à l'histoire est plus précieux que celui qu'on tire de la première traduction. Tout le calvinisme est là, condensé, systématisé, — comme le catholicisme, dans la *Somme* de saint Thomas d'Aquin. Ce qu'on ne trouve qu'à l'état d'affirmations rudimentaires, chez les confesseurs et les martyrs, ou à l'état de formules catéchistiques, dans les confessions de foi privées ou publiques, s'offre ici, dans l'*Institution chrétienne,* avec la richesse de ses références à la Bible ou aux Pères, avec la substance de ses analyses psychologiques, avec la moelle de toute l'expérience qui a donné la vie à ce traité, — l'expérience personnelle de l'auteur, celle dont il a été le témoin ou le confident, durant près de trente années, celle enfin qu'il a demandée à un long commerce avec les livres du passé.

Sur la manière dont Calvin a étoffé son exposé des vérités théologiques, dont il a enrichi la trame à l'aide de ce que la philosophie a découvert et enseigné touchant l'homme, il faut citer cette page de M. Lanson, qui demeure vraie : « L'*Institution française* est un chef-d'œuvre, le premier chef-d'œuvre de pure philosophie religieuse et morale, à quoi notre langue vulgaire ait suffi... La théologie de Calvin, repoussant le lourd appareil de la scolastique, prend, pour la première fois, une base d'argumentation dans la nature, dans les faits, dans l'expérience enfin ; elle étudie l'homme... Ici, Calvin n'a personne devant lui ; il a ouvert la voie le premier... Il a fallu que Calvin se fît psychologue et moraliste. Il l'a été en effet avec puissance et avec finesse. Depuis Cicéron et Sénèque, depuis Épictète et Marc-Aurèle, on n'avait jamais écrit sur l'homme avec autant d'ampleur et de précision... La théologie mise à part, ce n'est plus seulement avant Pascal, avant Bossuet qu'on le rencontre, mais avant Montaigne, avant les *Morales* d'Amyot. Ici encore, il ouvre la voie, et non plus à la philosophie religieuse, [mais] à toute large et humaine philosophie... J'y retrouve, sous l'éminente autorité de l'Écriture, sans cesse alléguée et impérieusement dressée, j'y retrouve une pensée nourrie et comme engraissée du meilleur de la sagesse antique, et un sens du réel, une riche expérience qui donne à tout ce savoir une pénétrante efficacité. »[1]

« Plus nous avons étudié l'*Institution chrétienne*, écrit un autre critique[1], et plus nous nous sommes aperçu que le Réformateur s'intéresse peu aux pures spéculations de la pensée ; ce qu'il cherche surtout, c'est de montrer que les doctrines qu'il prêche correspondent

1. G. Lanson : *Histoire de la Littérature française*, 4e édit., pp. 261-262.

2. E. Gautier : *Étude sur les rapports entre la justification sur la foi et la sanctification*, d'après Calvin, 1895, p. 45-46.

aux besoins véritables de la conscience. Voilà pourquoi sa théologie est profondément humaine. »

Un témoignage sur la Réforme dans les pays de langue française, et aussi un témoignage sur l'homme : voilà donc ce que représente aujourd'hui encore l'*Institution chrétienne*, à qui la lit, fût-ce d'un esprit détaché de toute croyance.

Si l'on s'en tient uniquement à l'histoire de la langue, l'*Institution*, dans son texte de 1541, figure au premier rang parmi les essais qu'on a tentés pour faire porter à notre idiome les plus hautes pensées qui aient jamais ému le cœur de l'homme Mais, si de l'histoire de la langue, on passe à celle des idées, il apparaît que l'*Institution* a marqué, d'une lueur géniale, le point de démarcation entre la Renaissance païenne de l'antiquité grecque ou latine, et la Réforme religieuse après laquelle soupiraient alors les meilleurs d'entre les hommes. Une foi contagieuse, une espérance plus forte que la persécution et la mort, une Église nouvelle nourrie dans cette foi et tressaillant à cette espérance y ont lu la justification de leurs sacrifices et la preuve qu'elles ne s'abusaient point. Mais, plus haut encore, abstraction faite des préoccupations d'ordre confessionnel, l'*Institution* évoque, pour le lecteur simplement curieux d'humanité, l'étrange et mystérieuse histoire de l'homme, inquiet de son destin et cherchant à surprendre dans l'analyse de ses sentiments les plus secrets la loi même de son activité.

C'est, on en conviendra, plus qu'il n'en faut à un livre pour survivre à l'époque qui l'a vu naître et pour traverser victorieusement les siècles.

<table>
<tr><td>

LATINE
—
1536

Six chapitres

I. De la loi.
II. De la foi.
III. De la prière.
IV. Des Sacrements.
V. Des faux Sacrements.
VI. De la liberté chrétienne.

</td><td>

LATINE
—

Dix-

I. De la
II. De la
et d
III. De la
IV. De la
Apôt
V. De Pé
VI. De la
du n
VII. De la s
Vieil
VIII. De la l
Dieu
IX. Des O
N. S
X. Des Sa
XI. Du Bap
XII. De la
XIII. Des ci
fausse
XIV. De la
XV. De la pu
XVI. Du gou
XVII. De la v

1. L'édition de
portait 21 chapitre
Celles de 1550,
traduite la même
1557, en comporta

</td></tr>
</table>

RANÇAISE	LATINE FRANÇAISE
—	— —
	1559-1560

res.	**4 Livres.**
	Quatre-vingt chapitres.
ce de Dieu.	Livre I, qui est de congnoistre Dieu en
ce de l'homme	tiltre et qualité de Créateur, et sou-
rbitre.	verain gouverneur du monde.
	18 chapitres.
e Symbole des	
liqué.	
	Livre II, qui est, de la congnoissance de
par la Foy et	Dieu, en tant qu'Il s'est montré
euvres.	Rédempteur en Jésus-Christ : laquelle
Différence du	a esté congneue premièrement des
u Testament.	Pères sous la Loy, et depuis nous a
on et Prov. de	esté manifestée en l'Évangile.
	17 chapitres.
l'Oraison de	
quée.	
	Livre III, qui est de la manière de parti-
	ciper à la grâce de J.-C., des fruits qui
Seigneur.	nous en reviennent et des effects qui
nies, qu'on a	s'ensuyvent.
lées Sacrements.	25 chapitres.
estienne.	
clésiastique.	
civil.	Livre IV, qui est des moyens extérieurs,
ne.	ou aydes dont Dieu se sert pour nous
	convier à Jésus-Christ son fils, et nous
ite en 1545, com-	retenir en lui.
	20 chapitres.
n 1551 ; de 1553,	
1554, traduite en	

INDEX ALPHABÉTIQUE DE TOUS LES NOMS CITÉS
établi par G. LAVOCAT

Les chiffres suivis d'une *n* indiquent que le nom figure au bas de la page, en note. — Les chiffres entre crochets indiquent que le nom n'est désigné que par son titre, ou par allusion. — Les titres en italique (autres que les périodiques ou les écrits anonymes) sont les ouvrages cités de Jean Calvin.

C

TABLE DES MATIÈRES

ACHEVÉ D'IMPRIMER
LE 16 JUILLET 1929
PAR F. PAILLART A
ABBEVILLE (SOMME)